Discipul

Discipulado

Vivir para Cristo en
la lucha cotidiana

J. Heinrich Arnold

Prólogo de Henri J. M. Nouwen
Traducción de Raúl Serradell

Plough Publishing House

Publicado por Plough Publishing House
Walden, Nueva York, Estados Unidos
Robertsbridge, East Sussex, Reino Unido
Elsmore, Nueva Gales del Sur, Australia
www.plough.com

Título del original en inglés: *Discipleship: Living for Christ in the daily grind*

ISBN 978-1-63608-011-6

Primera edición en inglés: 1994
Segunda edición aumentada en inglés: 2011
Primera edición en español: 2021

La mayoría de las citas bíblicas se han tomado de la Nueva Versión Internacional.
© Biblica, 1999, 2015. Las que se han tomado de otras versiones se indican en las
páginas que aparecen con sus respectivas abreviaturas. La lista de las otras versiones
aparece en las referencias bíblicas al final del libro.

Traducción y edición: Raúl Serradell

Un registro de este libro está disponible en el catálogo de la Biblioteca Británica.

Library of Congress Cataloging-in-Publication Data

Names: Arnold, Heini, 1913–1982, author. | Arnold, Heini, 1913–1982.
    Discipleship. | Serradell, Raúl, editor, translator. | Nouwen, Henri J.
    M., writer of foreword.
Title: Discipulado : vivir para Cristo en la lucha cotidiana / J. Heinrich
    Arnold ; prólogo de Henri J.M. Nouwen ; traducción de Raúl Serradell.
Other titles: Discipleship. Spanish
Description: Primera edicion. | Walden, Nueva York, Esados Unidos :
    Plough Publishing House, 2020. | Summary: "Arnold guides readers toward
    leading Christ-like lives amid the stress and strain of modern life, and
    grapples with broader themes such as world suffering, salvation, and the
    coming of the kingdom of God"— Provided by publisher.
Identifiers: LCCN 2020048148 (print) | LCCN 2020048149 (ebook) | ISBN
    9781636080116 (paperback) | ISBN 9781636080123 (ebook)
Subjects: LCSH: Christian life—Bruderhof authors. | Church Communities
    International—Doctrines.
Classification: LCC BV4501.3 .A75818 2020 (print) | LCC BV4501.3 (ebook)
    | DDC 230/.973—dc23
LC record available at https://lccn.loc.gov/2020048148
LC ebook record available at https://lccn.loc.gov/2020048149

El discipulado no es cuestión de nuestro propio esfuerzo; se trata de darle lugar a Dios, para que él pueda vivir en nosotros.

J. H. Arnold

Contenido

El reino de Dios

Prólogo

Discipulado es un libro fuerte. Cuando lo estaba leyendo, las palabras de Heinrich Arnold me punzaban como una espada de dos filos, llamándome a elegir entre verdad y mentira, salvación y pecado, generosidad y egoísmo, luz y tinieblas, Dios y el diablo. Al principio, me di cuenta de cierta resistencia, pues no estaba seguro si quería ser confrontado de manera tan directa. Deseo que las buenas nuevas del evangelio sean amables, consoladoras, reconfortantes y que ofrezcan armonía y paz interior.

Pero Arnold me recuerda que la paz del evangelio no es igual a la paz del mundo, que el consuelo del evangelio no equivale al consuelo del mundo, y que la mansedumbre del evangelio tiene poco que ver con la actitud de «libertad para todo» del mundo. El evangelio demanda una decisión, una elección radical, una opción que no siempre se alaba, se apoya ni se celebra.

Sin embargo, lo escrito por Arnold no es severo, rígido, fanático o santurrón. Por el contrario, está lleno de amor. Amor firme, pero amor verdadero. Este amor es el que fluye del corazón quebrantado de Jesús. Lo que hace que las palabras de Arnold sean tan sanadoras es que no se basan en una idea, una ideología ni una teoría, sino en un conocimiento íntimo de Jesucristo. Jesús, el Cristo, está en el centro de todas las sugerencias, consejos y amonestaciones que se expresan en estas reflexiones. Este es verdaderamente un libro centrado en Cristo.

Heinrich Arnold no habla por cuenta propia. Habla
en el nombre de Jesús. Ha escuchado con claridad las
palabras de Pablo a Timoteo: «En presencia de Dios
y de Cristo Jesús, que ha de venir en su reino y que
juzgará a los vivos y a los muertos, te doy este solemne
encargo: Predica la Palabra; persiste en hacerlo, sea o
no sea oportuno; corrige, reprende y anima con mucha
paciencia, sin dejar de enseñar» (2Ti 4:1–2).

El arraigo profundo de Arnold en Jesucristo lo
convierte en un guía muy sabio, muy seguro y muy
desafiante en nuestro camino espiritual. Pero hay más:
su arraigo no es simplemente un arraigo en el Cristo
que vivió hace mucho tiempo; es un arraigo en el
Cristo que está presente hoy en la vida de la comunidad de fe.

Arnold no es un guía sentimental y moralizador.
Cada palabra que pronuncia proviene de su experiencia en comunidad, donde se vive el discipulado.
En comunidad es donde se nos prueba y purifica.
En comunidad es donde aprendemos lo que significa el perdón y la sanación. En comunidad es donde
aprendemos quién es nuestro prójimo. La comunidad
es la verdadera escuela del amor. Arnold vivió en
comunidad toda su vida. Conoció sus demandas y sus
recompensas. Pero, por encima de todo, supo que es en
comunidad donde encontramos al Cristo del evangelio.

Estoy muy agradecido por este libro. Es un libro
profético en un tiempo en que pocas personas se
atreven a decir palabras impopulares, pero realmente
sanadoras.

Oro para que los que lean este libro no teman ser confrontados, y confío en que la palabra de Dios, que llegue a ellos, les imparta verdadero alivio, consuelo real, esperanza auténtica y genuino valor.

Henri J. M. Nouwen
1994

Introducción

Algunos libros son más fáciles de describir cuando aclaramos lo que no son. Esta no es una recopilación de devociones o meditaciones, no es un diario para «sentirse bien» al caminar con Dios, y tampoco es una guía para la superación personal o el crecimiento espiritual del individuo. De manera muy simple, es un libro sobre el discipulado: sobre seguir a Cristo con humildad, obediencia y con un corazón dispuesto. Y está escrito por un hombre cuyo mensaje no se puede entender de otra manera.

Johann Heinrich Arnold (1913–1982) creció rodeado de personas para las que tal discipulado tomó forma de una manera dramática. Cuando tenía seis años, sus padres, Eberhard y Emmy, dejaron su hogar de clase alta en Berlín y se mudaron a Sannerz, una aldea en el centro de Alemania. Allí, con un pequeño círculo de amigos, se determinaron a vivir en plena comunidad de bienes sobre la base de Hechos 2 y 4 y el sermón del monte. Era una época de gran agitación. La misma inquietud de la posguerra que llevó a su padre, un editor, teólogo y conferencista muy conocido, a ese salto de fe, llevó a miles más a manifestarse contra las rígidas convenciones sociales y religiosas de la época y buscar nuevas formas de vida. En estos años formativos de Heinrich, tuvo una influencia profunda el flujo constante de jóvenes anarquistas y vagabundos, maestros, artesanos y librepensadores, que pasaron por la pequeña comunidad. Todos ellos habían abandonado

la hipocresía de una cristiandad que había perdido
sentido, y muchos se sintieron atraídos por la vida de
dedicación y alegría que encontraron en Sannerz.

El mismo Heinrich sintió el llamado a seguir a
Cristo a la edad de once años. Más tarde, cuando ya
fue joven, se comprometió a una membresía de por
vida en la iglesia comunidad, conocida en ese entonces
como el Bruderhof o «lugar de hermanos». En 1938
fue elegido como siervo de la Palabra, o pastor, y desde
1962 hasta su muerte sirvió como pastor principal para
el creciente movimiento Bruderhof.

La congregación bajo el cuidado de Arnold no
era lo que podría llamarse una iglesia típica, y él era
todo menos un pastor en el sentido convencional de
la palabra. No tenía una personalidad carismática
ni una preparación teológica formal. Era un verdadero *Seelsorger* o «guía espiritual», que se preocupaba
profundamente por el bienestar espiritual y material
de las comunidades que se le encomendaban. Y sirvió
a sus hermanos y hermanas, en primer lugar, como
un igual que compartía sus vidas diarias de trabajo
y tiempo libre, en las comidas comunitarias, las
reuniones de negocios y los servicios de adoración.

Los escritos en este libro fueron compilados
y editados durante varios años por personas que
conocieron a Arnold personalmente. No fue tarea
fácil seleccionar con cuidado todo el material, pues
había mucho de donde escoger, abarcaba desde artí-
culos publicados hasta correspondencias personales,
desde transcripciones de las reuniones de culto

hasta circulares escritas a nombre de las congregaciones donde sirvió. El propósito de esta selección es simplemente brindar al lector el impacto total de su testimonio.

El estilo de Arnold es directo y espontáneo. Rara vez hablaba con notas y, cuando escribía, rápida y a veces agresivamente llegaba al fondo del asunto. Hubo quienes sentían que era demasiado franco. Pero fue precisamente su sencillez lo que hizo su testimonio accesible a muchos. Su fe no era una cuestión de términos teológicos bien argumentados, sino algo que tenía que expresarse en hechos: «Estamos cansados de palabras; son fáciles y pueden escucharse casi dondequiera, ¿pues quién va a decir que está en contra de la hermandad y del amor?».

Arnold fue llamado para atender cada aspecto de la vida espiritual, personal y comunitaria. Pero hay un hilo visible que atraviesa todo lo que escribió: Cristo y su cruz como el centro del universo. Arnold insiste una y otra vez en que sin conocer a Cristo personalmente —sin ser confrontado por su mensaje de arrepentimiento y amor— no hay posibilidad de una fe cristiana viva. Poco importaba, por ejemplo, si un problema que tenía que afrontar era de naturaleza privada o práctica, o si las demandas del día surgían de manera inconveniente o sin previo aviso. Todo asunto se enfrentaba sobre el firme fundamento de los mandamientos de Cristo. Esto era cierto, no solamente en cuanto a las cuestiones internas de la vida comunitaria, sino con respecto a todos los asuntos

que también requerían atención adicional, como
los sucesos políticos del momento o los problemas y
tendencias sociales.

El cristocentrismo de Arnold le dio una valentía
inusual para confrontar el pecado. No podía tolerar la
indiferencia ante las demandas del evangelio. Pero así
como luchó contra el mal en otros, luchó con el suyo
en sí mismo, y la lucha nunca fue contra una persona,
sino contra el pecado. A veces, esto le valió la crítica de
ser muy «emocional», pero ¿cómo puede alguien que
ama a Cristo distanciarse fríamente cuando el honor
de la iglesia está en juego? «Protesto contra la idea de
que está mal reaccionar con sentimientos fuertes o
agitación cuando se ataca a Dios, cuando se maltrata
a hermanos y hermanas o cuando se daña a la iglesia.
Protestaré toda mi vida contra la fría sobriedad ante
la crueldad o ante cualquier otra cosa que destruya la
obra de Dios.»

Esto también fue lo que le permitió llamar al
arrepentimiento a veces con mucha pasión: «¿Estamos
dispuestos a dejar que la Palabra de Cristo penetre
con profundidad en nosotros, o nos endureceremos
y protegeremos repetidamente contra ella? No nos
damos cuenta de la frecuencia con que nos interponemos en el camino de Dios. Pero podemos pedirle en
su misericordia y amor que nos pode con su Palabra,
aunque nos duela».

Con el mismo vigor e insistencia con que Arnold
llamó al arrepentimiento, se esforzó por la compasión
y el perdón. Si alguien tomó en serio el mandamiento

de Jesús de perdonar, para que podamos ser perdonados, y perdonar setenta veces siete, ese fue Arnold.
A las personas que lo hirieron, o decepcionaron su
confianza, les brindó invariablemente su confianza una
y otra vez. ¿Por qué? Porque creía a fondo en el poder
del perdón total; porque confiaba en Dios hasta lo más
profundo de su ser; y porque esta confianza le permitió
superar su temor humano.

Irónicamente, al igual que experimentó las burlas y
el rechazo, porque insistió en la necesidad de un arrepentimiento profundo, también fue despreciado por su
humildad. Porque aunque se negó a cerrar los ojos al
pecado dentro de la iglesia, se negó a sentirse superior
ante una persona que hubiera pecado, o a tolerar la
dureza y el legalismo hacia esa persona. Habiendo
sufrido en su propia vida, se identificó fácilmente con
el sufrimiento de los demás.

Como pastor principal de una iglesia comunidad extensa, con congregaciones en Nueva York,
Pensilvania, Connecticut e Inglaterra, Arnold pasó
muchas horas leyendo, releyendo y considerando en
oración los contenidos de una avalancha diaria de
cartas, y sus respuestas ilustran la humildad con la que
contestaba. Cuando se le hacía una pregunta, aconse-
jaba, consolaba, amonestaba e incluso censuraba firmemente, pero nunca criticaba ni menospreciaba a nadie
que acudiera a él con confianza. Y aunque cientos de
personas acudían a él año tras año, siempre los impul-
saba hacia Cristo, por encima de su preocupación por
sus pecados o su santidad personal.

Arnold sabía bien que no tenía todas las respuestas.
A menudo decía que necesitaba pensar sobre el asunto
en cuestión o que deseaba considerarlo en oración, o
simplemente sentía que no sabía qué hacer al respecto.
Cuando se le pedía explicar un versículo difícil, una
aparente contradicción, o el significado de un pasaje
misterioso en la Biblia, podría decir: «He pensado
bastante sobre estas palabras, pero ni yo mismo las
comprendo del todo. Dejémoslo a la confianza en Dios.
Algún día se nos revelará», y no trataba de hacer una
interpretación. Aunque ampliamente versado y familiarizado con el Antiguo y el Nuevo Testamento, fue un
hombre cuya educación fue la educación del corazón,
cuyo conocimiento fue el conocimiento del alma
humana, y cuya comprensión de los caminos de Dios
nació de su amor por Dios, por Jesús y por la iglesia.

Lo más importante es que Arnold pudo escuchar:
escuchó a sus hermanos y hermanas, escuchó a sus
amigos, a extraños, a los críticos, pero, por encima de
todos, a quien más escuchó fue a Dios: «Quiero escuchar con mi corazón interior la voz de Dios hablando
a través de la hermandad. Quiero confesar a Jesús en
nuestro tiempo. Quiero ser pobre con ustedes, espiritualmente pobre, quiero ser obediente e ir a donde la
iglesia me envíe y hacer la voluntad de Dios. Anhelo
una hermandad unida, una hermandad que reúna a
los dispersos».

Hay muchos aspectos en los escritos de Arnold que
se podrían considerar con mayor detenimiento: la
influencia predominante de su propio padre, Eberhard

Arnold; de los pastores alemanes Johann Christoph y
Christoph Friedrich Blumhardt, y su visión del reino
como una realidad presente; o de Meister Eckhart,
cuyo misticismo se refleja en la propia inclinación
de Arnold hacia lo místico. También están Dietrich
von Hildebrand y Friedrich von Gagern, cuyos libros
Arnold leía y mencionaba a menudo. Pero ninguno
de ellos es importante en sí mismo. Más bien, le dan
al conjunto de su mensaje una profundidad y una
amplitud de visión que no se puede ignorar. Esta,
quizá, es la parte más convincente del testimonio de
Arnold, porque nos eleva una y otra vez de las insig-
nificancias de la vida diaria, y nos abre los ojos para
percibir las grandes realidades que tantas veces pasamos
por alto. Para usar sus propias palabras:

> ¡Qué gran regalo sería si pudiéramos ver un poco
> de la gran visión de Jesús, si pudiéramos ver más
> allá de nuestras pequeñas vidas! Desde luego,
> nuestra visión es muy limitada. Pero al menos
> podemos pedirle que nos desafíe a salir de nuestros
> pequeños mundos y de nuestro egocentrismo, al
> menos podemos pedirle sentir el desafío de la gran
> cosecha que se debe recoger: la cosecha de todas las
> naciones y todos los pueblos, incluyendo las gene-
> raciones del futuro.

Hela Ehrlich
Christopher Zimmerman

El discípulo

La vida interior

Cuando uno considera los millones que se llaman a sí mismos cristianos, la impresión principal que se tiene es que en nuestro tiempo la religión cristiana consiste, casi exclusivamente, en ir a la iglesia los domingos por la mañana. Sé que hay excepciones, pero tenemos que ser realistas: la iglesia tiene muy poco que decir a los jóvenes; les aburren los servicios en la iglesia y la predicación, así que buscan otras cosas. Sin embargo, la gente está vagamente consciente de que algo anda mal en su vida interior. Aunque no acudan a su pastor o sacerdote por eso, sí buscan ayuda, generalmente yendo al psiquiatra. Es verdad que una vez que el interior de la persona realmente cambia, todo lo demás cambiará. Pero eso sucederá a través de Dios, no a través de las personas.

Cristo enseñó que debe haber un cambio completo en cada persona, y que este cambio debe empezar en nuestro ser interior. Pedro y los apóstoles enseñaron lo mismo en Pentecostés. Cuando la gente le preguntó a Pedro: «¿Qué debemos hacer?», él les contestó: «Arrepiéntase y bautícese cada uno de ustedes en el nombre de Jesucristo». Y cuando ellos respondieron, el cambio interior que se llevó a cabo se trasladó a las áreas prácticas y económicas de sus vidas. Pusieron todo a los pies de los apóstoles y ya no se aferraron a nada. Todos renunciaron voluntariamente a sus

Hch 2:37–38

posesiones, pero, como cada uno compartía todo con los demás, nadie sufría necesidad.

Para nuestro tiempo, también creemos en una nueva sociedad como esta, impulsada por un cambio que comienza en nuestro ser interior. Cuando Dios entra en nuestra vida interior, el cambio que genera también afectará nuestra vida exterior. Si nuestro cristianismo es una religión solamente para los domingos por la mañana, seguirá siendo superficial y vacío.

¿Qué significa ser creado a la imagen de Dios? Cuando Dios sopló aliento de vida al primer hombre, le dio a cada ser humano la posibilidad de experimentar la riqueza del corazón que está en él: amor, alegría, humor, ira, sufrimiento, pureza y unidad. Debido a que todas estas cosas son familiares para nosotros, podemos ver que algo de Dios está en nosotros, aunque con frecuencia de una manera bastante distorsionada.

La imagen de Dios se conserva con mayor pureza en los niños. Como adultos, vivimos a menudo vidas muy triviales como almas muy intrascendentes; nuestro pensamiento se centra solamente en nosotros y no tiene relación con Dios. Pero somos creados para más que esto. No creo que alguno de nosotros haya experimentado todavía la plena riqueza de espíritu, alma y corazón, creada por Dios para que la disfrutemos. Sin embargo, como sus hijos, podemos experimentar estas cosas como no lo puede hacer ninguna otra criatura. Y él nos ama tanto que envió a su único Hijo para

1Co 6:3 TLA salvarnos. En la primera carta de Pablo a los Corintios dice que la iglesia va «a juzgar a los ángeles». Esto debería darnos una idea del profundo significado de nuestro llamado y de lo que significa que somos creados a imagen de Dios.

Dios creó el cielo, la tierra y todas las constelaciones del universo. También creó algo más, algo muy misterioso: el espíritu humano. Dios creó este espíritu y
Hch 17:24 lo puso en nosotros porque quiere vivir en nosotros. La Biblia dice que él no habita en templos hechos
1Co 6:19 por manos humanas; nosotros mismos debemos ser templos para él.

Mi padre solía decirnos que la estupidez es el mayor pecado. No se refería a la simplicidad de la mente, sino a la indolencia espiritual: tener una conciencia muerta e incapaz de escuchar a Dios en nuestro corazón.

Hoy en día muy pocas personas tienen idea de las riquezas del corazón humano. Nuestros corazones son creados para experimentar grandes cosas; la mayoría de nosotros no tenemos idea de lo que sucedería en nuestras vidas si venciéramos nuestra estupidez e indolencia. Pablo dice:

Ef 3:16–19 Le pido que, por medio del Espíritu y con el poder que procede de sus gloriosas riquezas, los fortalezca a ustedes en lo íntimo de su ser, para que por fe

Cristo habite en sus corazones. Y pido que, arraigados y cimentados en amor, puedan comprender, junto con todos los santos, cuán ancho y largo, alto y profundo es el amor de Cristo; en fin, que conozcan ese amor que sobrepasa nuestro conocimiento, para que sean llenos de la plenitud de Dios.

Si comprendiéramos este pasaje, entenderíamos todo el evangelio. No estamos llenos de la plenitud de Dios y sería arrogante pensar que lo estamos. ¡Pero la oración de Pablo debería despertarnos e inspirarnos!

Is 55:3

Dios le dijo a Israel: «¡Presten atención y vengan a mí, escúchenme y vivirán!». Es de crucial importancia que podamos acudir a Dios con todo nuestro ser y creamos que hablará. Todo depende de que le pidamos que nos hable. Si no escuchamos nada de Dios por mucho tiempo, puede ser porque hay algo entre nosotros y el cielo: quizá nos falta amor por nuestro hermano, o estamos en desacuerdo con nuestro cónyuge. Si este es el caso, nuestra espera es en vano.

Por supuesto, no podemos esperar respuestas de Dios después de solo cinco minutos de silencio. ¡Piensen cuánto tiempo tuvo que esperar a veces el mismo Jesús! Pero cuanto más nuestras vidas le pertenezcan a Cristo, y cuanto más profunda sea nuestra relación con él, más pronto nos responderá, y mucho más rápido podrá usarnos para sus propósitos, porque sabe que aquí hay alguien que está completamente dispuesto para él.

De una carta: Meister Eckhart* destacó la importancia del corazón que escucha, por tal se refería a un corazón que escucha solo a Dios. Dijo que Dios desea más que nada un corazón que se separa en silencio de todo y acude a escucharlo a él. Esto significa el desprendimiento del poder del dinero, de la impureza, y *Schadenfreude* o malicia; de la mentira, la desconfianza y el odio; de los espíritus mundanos y de todos los demás espíritus extraños a él.

Cuando las personas están saludables y felices, o cuando su situación económica es estable, muy a menudo se vuelven indiferentes. Puede que entreguen a Dios las cosas que piensan que no son saludables, cosas que les provocan angustia o lucha. Sin embargo, aun cuando estas cosas los llevan a la oración, se reservan su ser más íntimo para sí mismos.

El hecho de que busquemos a Dios en todo momento de desgracia, nos demuestra que nuestro ser más profundo en realidad tiene hambre y sed de él. Debemos llevar nuestros temores a Dios; debemos llevarle nuestra enfermedad y angustia. Pero eso no es suficiente. Debemos darle nuestro ser más íntimo, nuestra alma y corazón. Cuando nos humillamos ante

---

* Místico alemán, 1260–1328.

él de esta manera y nos rendimos a él por completo
—cuando ya no nos resistimos a darle toda nuestra
persona y nuestra personalidad íntegra— entonces
puede ayudarnos, primero quebrantándonos y luego
llenándonos de vida verdadera.

De una carta: Para ti lo esencial debería ser reconocer
la grandeza de Dios y vivir para él. Procura leer la
Biblia, por lo menos dos o tres capítulos cada día. Esto
te abrirá los ojos a la grandeza de Jehová, el Señor de
los ejércitos. Entonces verás lo muy pequeña que es la
búsqueda de la felicidad personal.

De una carta: Cuando el diablo te incita a odiar a los
demás, te aconsejo encontrar la tranquilidad interior.
En lo profundo de tu corazón sabes que no quieres
ese odio.

Puedo entender muy bien lo infeliz que te sientes.
Sin embargo, trata de volverte absolutamente tran-
quilo en tu interior, y cree que Dios te ama y quiere
ayudarte, incluso si esta creencia es atacada por dudas
una y otra vez. Entonces tu miedo será superado poco
a poco.

Si tratas de luchar contra tus emociones con otras
emociones, solo te vas a confundir más. No puedes
enderezar tus emociones, pero puedes confiar en Dios:
él conoce lo más profundo de tu corazón y puede
enderezarte. Cree solo en él.

Mt 6:6

De una carta: Te preguntas cómo encontrar la tranquilidad interior. Recuerda las palabras de Jesús sobre la oración; son muy importantes: «Pero tú, cuando te pongas a orar, entra en tu cuarto, cierra la puerta y ora a tu Padre, que está en lo secreto. Así tu Padre, que ve lo que se hace en secreto, te recompensará». Si te desprendes de tus sentimientos y de las emociones de tu vida, y buscas a Dios en este desprendimiento de ti mismo, encontrarás la paz del corazón.

De una carta: Las oraciones largas no siempre son efectivas. Incluso Jesús nos advierte contra ellas. Por lo general son más paganas que cristianas.

¡Deja que tu vida de oración sea más viva! Pero no la fuerces, deja que sea totalmente libre. Cuando la oración se convierte en algo que vive en ti, se reavivará el fuego del Espíritu, ¡y esto te traerá vida!

Mt 6:1–6

De una carta: No podemos vivir sin una vida de oración personal. Necesitamos la oración tanto como necesitamos el agua. Todos necesitamos tiempos de silencio delante de Dios. Jesús dice muy claro que no debemos hacer de nuestras oraciones un espectáculo; debemos cerrar la puerta detrás de nosotros y no hablar de ellas. Con todo, la oración personal secreta, es absolutamente necesaria y tan importante como las oraciones comunitarias de toda la iglesia.

Tendemos a orar solamente por lo que queremos y poco pensamos en lo que Dios quiere de nosotros en un momento determinado. A veces pienso que Dios contestaría más pronto nuestras oraciones, si fueran dirigidas más hacia hacer su voluntad, y si nuestros corazones fueran movidos por el buen espíritu para preguntar por lo que Dios quiere. Déjame expresarlo de esta manera: Dios nos necesita todos los días —necesita personas para llevar a cabo su voluntad— así que no deberíamos orar por lo que nos gustaría, sino más bien pedir la fortaleza para hacer lo que él quiere que hagamos.

Dios necesita gente que pida que se haga su voluntad; si nadie se interesa en eso, entonces debe dejar incompleta su obra en la tierra. Pero si hay personas que extienden sus manos hacia él, deseando, pidiendo y buscando que se haga su voluntad, entonces puede hacer algo en este mundo. Resulta erróneo pensar que todo viene por sí solo, que no se espera nada de nosotros. Jesús nos enseñó a orar para que se haga la voluntad de Dios aquí en la tierra como en el cielo.

Mt 6:10

También debemos pedir que se haga la voluntad de Dios en nuestras vidas personales. Ya que el maligno trata, una y otra vez, de desviarnos por el mal camino, debemos acudir a Dios diariamente y pedirle que renueve nuestros corazones. Pero no solo debemos orar por nosotros; debemos orar por el mundo entero: por toda la humanidad y todas las naciones.

De una carta: Existe la oración equivocada: la oración obstinada o caprichosa. Pero si el propósito de nuestra oración está conforme con la voluntad de Jesús, entonces está bien. Mientras no haya nada de obstinación o de vanagloria mezclada en ella, no está equivocada.

Es completamente ajeno al camino de Jesús hacer peticiones egoístas en su nombre, por ejemplo, desear una carrera exitosa o mucho dinero. Cuando Jesús dice: «Cualquier cosa que ustedes pidan en mi nombre, yo la haré», se refiere a cualquier cosa que glorifique al Padre y al Hijo.

Jn 14:13

En nuestra vida de oración necesitamos escuchar al espíritu de Dios. Lo que Dios quiere decirnos es de mayor importancia que lo que nosotros queremos decirle. Por lo tanto, el silencio común compartido en la fe, sabiendo que él quiere hablarle a cada corazón, siempre será significativo para nosotros.

Siempre debemos creer que nuestras oraciones serán contestadas, aunque no sean respondidas de inmediato.

Daniel oró fervientemente a Dios durante días, por
el perdón de sus pecados y el perdón de los pecados
de Israel. Pero no recibió ninguna respuesta durante
tres semanas. Entonces un ángel se le apareció en una
visión y le dijo:

Dn 10:12–13 No tengas miedo, Daniel. Tu petición fue escu-
chada desde el primer día en que te propusiste
ganar entendimiento y humillarte ante tu Dios.
En respuesta a ella estoy aquí. Durante veintiún
días el príncipe de Persia se me opuso, así que
acudió en mi ayuda Miguel, uno de los príncipes
de primer rango.

Así que las oraciones de Daniel *fueron* escuchadas
desde el principio, pero los poderes de las tinieblas
hicieron difícil abrirse paso al ángel que le respondió.

Hoy, a pesar de la victoria de la cruz, todavía operan
poderes malignos. Nuestras oraciones, como la de
Daniel, a menudo puede que no sean contestadas de
inmediato. Pero Dios las escucha. Debemos creerlo
firmemente.

De una carta: Entrégale todo a Jesús. Mientras más
le entregues todo, más te llenará su espíritu. Incluso
los cristianos más sinceros atraviesan por tiempos de
aridez espiritual, en los cuales Dios quiere probarlos.
Pero luego los inunda con su gran amor. Así que no te
desesperes si sientes aridez espiritual.

Arrepentimiento

Mr 1:1–4 El evangelio comienza con un llamado al arrepentimiento. El arrepentimiento implica un cambio total.
Lo que estaba arriba debe bajar, y lo que estaba abajo
debe subir. Todo debe ser visto como Dios lo ve. Todo
nuestro ser tiene que renovarse; debe cesar todo pensamiento por nuestra cuenta. Dios debe convertirse en el
centro de nuestros pensamientos y sentimientos.

Jesucristo vino para salvar personas, pero primero las
llamó a arrepentirse y a seguirlo. Muchos cristianos
se sienten atraídos por su promesa de salvación, pero
no quieren arrepentirse totalmente. Es trágico que los
peores enemigos de Jesús sean con frecuencia gente
religiosa, no los incrédulos. Incluso en la propia vida
de Jesús, aquellos que más lo odiaban no fueron los
soldados que lo crucificaron, sino los muy religiosos
escribas y fariseos, que detestaban su mensaje de
arrepentimiento.

Cuando Juan el Bautista apareció en el desierto de
Judea, llamó a la gente a arrepentirse, para cambiar sus
corazones y mentes. Por cierto, no elogió a los que se
Mt 3:7–9 acercaron a él. Les dijo claramente lo lejos que estaban
de Dios. Juan el Bautista no fue el único que habló
de arrepentimiento. Jesús mismo lo hizo, desde sus
primeras enseñanzas en la Biblia hasta sus últimas.

Mt 3:2

A la gente no le agrada el llamado de Juan el Bautista: «Arrepiéntanse, porque el reino de los cielos está cerca», porque no entienden lo que significa el arrepentimiento. El arrepentimiento no significa autotormento; tampoco significa ser juzgado por otros. Significa alejarse de la corrupción y del afán por el dinero y las riquezas de la humanidad caída y dejar que la atmósfera del reino de Dios cambie nuestros corazones. Cualquier persona que haya experimentado el verdadero arrepentimiento, sabe que produce que nuestro corazón se derrita como la cera, y nos impacta al mostrarnos nuestra pecaminosidad. Pero esa no debería ser la experiencia central. Dios debe ser el centro de un corazón arrepentido; Dios, quien se reveló en la cruz como amor y el único que trae la reconciliación.

De una carta: Todos nosotros debemos pasar por tiempos difíciles y dolorosos de arrepentimiento. Te suplico que lo aceptes, no como castigo, sino como gracia, y te ruego que no te atormentes, sino que entiendas que Cristo quiere liberarte.

De una carta: ¿Realmente sabes qué significa el arrepentimiento? Cuando una persona se arrepiente, cambiará de tal manera que todos los que se encuentren con ella sentirán su cambio de corazón. En *Canción de Navidad* de Dickens, era obvio para todos

los que se encontraron con el viejo Scrooge, el día de
Navidad, que era un hombre diferente al de la noche
anterior. Te deseo esa clase de arrepentimiento.

Si confiamos en Jesús y en el poder de su muerte,
encontraremos el perdón de nuestros pecados, sin
importar lo malos que fuimos o seamos. Pero no
debemos jugar con su bondad. Él juzgará cada pecado,
cada compromiso que hagamos con el diablo. Por
ejemplo, nos advierte con tanta fuerza contra la
inmoralidad que dice que ni siquiera debemos mirar de
reojo con lujuria a una mujer. Aceptemos su severidad.

Hay momentos en la vida de cada persona cuando
Dios se acerca. Hay también ciertas horas o tiempos de
Dios para cada iglesia. Según el libro de Apocalipsis,

Ap 2–3   Jesús les habló desde el cielo a las siete iglesias por
medio de Juan, diciéndole a cada una lo que debía
reconocer y por qué debía arrepentirse, aunque
también animándolas. Sin duda esa fue una importante hora de Dios para esas iglesias.

Dios es infinitamente bueno. Una vez que se ha
acercado a una persona, puede venir una segunda,
tercera, cuarta o incluso quinta vez, pero también
puede que no venga más. De nosotros depende si lo
escuchamos.

Por muy fuerte que sea nuestra voluntad de controlarnos y por muy engañosos que seamos, Dios lo ve todo, hasta lo profundo de nuestros corazones. Solo el acto de ponernos bajo su luz nos da la oportunidad para renovarnos. Todo es posible si nos disponemos voluntariamente bajo la luz de Dios. Pero si nos rehusamos a hacerlo, todo en nuestra vida estará en peligro.

Lc 15:7–10   Cuando una persona se arrepiente de verdad sucede una de las cosas más maravillosas. ¡Dios se acerca tanto a un alma arrepentida! El corazón de piedra se convierte en un corazón de carne, y cambia cada emoción, pensamiento y sentimiento. Cuando una persona recibe el don del arrepentimiento cambia toda su perspectiva.

Debemos recibir una nueva vida; debemos cambiar. Pero es Dios quien debe cambiarnos. Y puede cambiarnos de una manera diferente de lo que hubiéramos deseado o imaginado. Nuestros propios ideales —nuestros planes para el crecimiento interior o el cambio personal— deben terminar. Debemos abandonar toda posición elevada; y sacrificar todo enaltecido esfuerzo humano. Para ser aptos para el nuevo futuro de Dios, debemos ser cambiados *por él.*

De una carta: Estoy seguro de que Jesús puede darte un corazón totalmente puro y una paz perfecta. Al principio, mientras más te acerques a él, más te sentirás juzgado por tu pecado, pero al final encontrarás gozo y paz profundos. Tu búsqueda de Dios no debe hacer de la vida un tormento. Él ve que lo estás buscando con un corazón sincero. Te deseo esperanza y valor.

2Co 7:8–13

De una carta: El remordimiento abre el corazón a Dios. La experiencia en sí misma es muy dolorosa, pero luego mirarás hacia atrás con agradecimiento, como una luz en tu pasado. El arrepentimiento no significa que debas denigrarte por tu pecado, sino que tu corazón debe sensibilizarse hacia Dios y hacia los que te rodean.

De una carta: Anhelo que encuentres el arrepentimiento verdadero, porque es la única esperanza para ti en tu lucha contra la amargura. No existe un corazón tan duro que Dios no pueda tocarlo y derretirlo. Lo sé porque no hay ninguno de nosotros que no haya endurecido una vez su corazón contra Dios. ¡Si solo pudieras experimentar su gran anhelo y ardiente amor por ti y por cada uno de nosotros! Entonces dejarías que se desarraigara de ti todo aquello que te separa de este gran amor, por doloroso que sea.

    El amor de Dios es como el agua: busca el lugar más bajo. Sin embargo, no podemos hacernos humildes

1Co 4:13 y sencillos por nuestro propio esfuerzo. Podemos vernos a nosotros mismos por lo que somos —escoria y basura—, solo a la luz de la omnipotencia, amor, pureza y verdad de Dios.

Una vez que vemos la oscuridad del pecado y el horror de la separación de Dios, podemos sentir algo de lo que Jesús quiere decir con arrepentimiento. Pero arrepentimiento significa más que reconocer nuestro pecado; significa volvernos hacia el reino de Dios. También significa estar dispuesto a recorrer el mundo con tal de deshacer todo el mal que hemos hecho, aunque sepamos que no podemos deshacer nada. Por último, significa entregarnos a quien nos perdona y nos libera de nuestro pecado.

De una carta: Estoy agradecido de que reconozcas tu pecado, pero te suplico que dejes de pensar en ti mismo, tu pasado y tu depresión. Solo te vas a deprimir más. Eso no es arrepentimiento. Piensa en tu ser interior como un estanque claro que refleja el sol, la luna y las estrellas. Si remueves el lodo del fondo, todo se volverá confuso y turbio, y cuanto más lo remuevas, más enturbiado se pondrá. Tranquilízate y permanece firme contra el diablo. Entonces el agua se aclarará de nuevo, y en su espejo verás el amor de Cristo por ti y por el mundo entero.

Conversión

Jn 3:1–15 En Juan 3, leemos que debemos nacer de nuevo, del agua y del Espíritu. Esto no se puede comprender humanamente, como Nicodemo trató de entenderlo. Nacer de nuevo es un secreto, un misterio, un milagro. Pero si creemos que Jesús fue enviado por Dios el Padre, y si creemos en el poder del Espíritu Santo, él puede darnos el nuevo nacimiento. Todo depende de creer.

La decisión de seguir a Jesús no puede ser una decisión de seguirlo por uno o dos años, tiene que ser para Lc 9:62 siempre. Jesús dijo: «Nadie que mire atrás después de poner la mano en el arado es apto para el reino de Dios». Pero si permanecemos fieles a él, nos limpiará, nos dará unidad con Dios y con los demás, y nos concederá la vida eterna.

Aquellos que quieren seguir a Jesús, no solamente deben abrir sus corazones a él y decir: «Entra en mi corazón y purifícame»; también deben estar preparados para decir: «Estoy dispuesto a hacer cualquier cosa que Mt 11:28 me pidas». Jesús dice: «Vengan a mí todos ustedes que están cansados y agobiados». Si estás dispuesto a venir ante él —a dejarlo entrar en tu corazón— entonces también debes estar dispuesto a renunciar a tu propia voluntad y dejar que te gobierne.

El discipulado requiere que renunciemos a todo,
incluyendo todo lo que consideramos como positivo
en nosotros mismos. Pablo estuvo dispuesto a dejar de
lado la ley judía y nosotros debemos, de igual manera,
renunciar a la buena imagen de nosotros mismos,
nuestra rectitud y nuestra bondad, y considerarlo todo
como nada por causa de Jesucristo.

El radicalismo del camino de Cristo debe desafiarnos.
No quiere ganar números, sino corazones consagrados.
No promete seguridad, ni económica ni de otro tipo.
Busca a aquellos que quieren entregarse sin excusas a
Dios y a sus hermanos, sin buscar nada para sí mismos.

La decisión de seguir a Cristo debe ser una decisión
profundamente personal. Pero nunca puede significar
—como alguien me dijo una vez—: «solo importamos
Jesús y yo». El discipulado siempre debe estar relacionado con nuestros hermanos y hermanas. Por ello Jesús
Mt 22:37–39   une los dos mandamientos: «Ama al Señor tu Dios con
todo tu corazón, con todo tu ser y con toda tu mente
—y— Ama a tu prójimo como a ti mismo». Estos dos
mandamientos no se pueden separar. Es cierto que una
experiencia espiritual personal debe llevarse a cabo en
lo más íntimo de nuestro ser, pero no puede ser una
experiencia solitaria ni egoísta.

La esencia de la fe debe quedar muy clara para nosotros. Uno puede aceptar las enseñanzas de toda la
Biblia, pero sin conocer a Jesús mismo, no servirá de
nada. Tampoco sirve tener una convicción, si uno
no ha sentido y experimentado con profundidad el
carácter de Jesús, su ser y su naturaleza. Cada alma debe
ser confrontada de forma personal por el mismo Jesús.

Si captamos en nuestros corazones el hecho de que
Jesús murió por nosotros, nos cambiará por completo:
implicará una revolución; hará algo nuevo en nosotros,
ocasionando la destrucción de nuestro ser pecaminoso,
para dejar de ser sus esclavos.

Parte de la experiencia de la verdadera conversión es la
disposición a sufrir con Cristo, el que sufre. No creo
que la verdadera conversión sea posible sin esto.

El discipulado implica una consagración total.
Demanda todo: todo el corazón, toda la mente y
la totalidad de la vida; incluye tiempo, energía y
propiedad personal, por causa del amor. El cristianismo
a medias es peor que no tener cristianismo.

Mt 12:33   Jesús dice: «Al árbol se le reconoce por su fruto»;
esto es, por los frutos de la vida de una persona

Mt 7:21 reconoceremos si es o no un hipócrita. «No todo el
que me dice: "Señor, Señor", entrará en el reino de
los cielos, sino solo el que hace la voluntad de mi
Padre que está en el cielo.» Hacer la voluntad de Dios
significa mostrar los frutos del arrepentimiento. Jesús
Jn 15:1–2 también dice: «Yo soy la vid verdadera, y mi Padre
es el labrador. Toda rama que en mí no da fruto, la
corta; pero toda rama que da fruto la poda para que
dé más fruto todavía». Aquí vemos que no podemos
simplemente convertirnos, bautizarnos y «salvarnos», y
vivir desde ese momento sin tentación. Si vamos a dar
buenos frutos, debemos arrepentirnos y purificarnos
una y otra vez.

Jn 15:4   Una rama no puede dar fruto por sí misma, debe
estar conectada a la vid. De la misma manera, ninguno
de nosotros puede dar fruto sin una relación personal
con Jesús. Sin tal relación, moriremos por dentro y no
Jn 15:6 daremos fruto. Y si no damos frutos, seremos cortados
de la vid, echados al fuego y quemados. Ese es el gran
desafío: permanecer en la vid, permanecer en Jesús.

Fe

¿Quién es Dios, y cómo podemos encontrarlo? Una respuesta a esta pregunta es que algo de la luz de Dios ya reside en el fondo de cada uno de nuestros corazones. A veces esto solo se siente en un profundo anhelo de bondad, justicia, pureza o fidelidad. Pero si ese anhelo se convierte en fe, encontraremos a Dios.

Los primeros cristianos decían que si los seres humanos buscan a Dios, lo encontrarán, porque él está en todas partes. Para encontrar a Dios no existen límites que no se puedan cruzar, ni obstáculos que no se puedan superar. Piensa en Nicodemo, quien al principio no creyó que pudiera cambiar en su vejez. Incluso él encontró la fe. No podemos excusarnos por no encontrar la fe. Si llamamos a la puerta, se abrirá.

Jn 3:1–15

Dios llega al corazón de toda persona que tiene fe en que él vendrá, a cada uno que lo busca. Pero debemos buscarlo y esperar que venga a nosotros. Si vivimos nuestras vidas con apatía, eso no sucederá. Primero debemos buscar, solo entonces lo encontraremos.

Es un milagro de fe cuando las personas encuentran a Jesús y lo reconocen como el Cristo. Vemos que esto sucede en Juan 4:42, cuando los samaritanos respondieron a la mujer que se encontró con Jesús en el pozo: «Nosotros mismos hemos oído, y sabemos

Jn 4:42 RVR60

que verdaderamente éste es el Salvador del mundo, el Cristo». ¡Si tan solo esta fe estuviera viva aquí y ahora en nuestra iglesia y entre las muchas personas que tienen sed de algo nuevo!

Para los samaritanos, Jesús solo era un hombre: hambriento, sediento y cansado. Ninguna persona ordinaria pudo haber visto en él un mínimo indicio de su identidad. ¿Quién podría ser culpado por fallar en reconocerlo de inmediato? Si nos encontramos con un completo desconocido, no lo señalaríamos enseguida como el salvador del mundo.

La apariencia de Jesús representaba cualquier otra cosa menos la de un salvador: era un hombre humilde, creció en un pueblo pequeño, entró en conflicto con líderes religiosos y sufrió una muerte vergonzosa. Por lo tanto, es un milagro cuando una persona llega a creer en él. Cuando podemos decir como los samaritanos: «éste es el Salvador del mundo, el Cristo»; nuestro corazón se ha abierto y llenado de luz.

Jn 4:42 RVR60

De una carta: Parece que una hoja nueva y verde de fe viva está empezando a crecer en tu corazón. Protégela, y no te rindas a la carne, al yo o a cualquier forma de pecado. Pruébate a ti mismo, a los que te rodean y a Dios, que este es un nuevo capítulo en tu vida.

La fe y la buena conciencia están completamente entrelazadas entre sí. Si no escuchamos a nuestra

Tit 1:15

conciencia, nuestra fe sufrirá un naufragio. Y si perdemos la fe, perdemos la posibilidad de tener una conciencia pura y viva. Por eso el apóstol dice que las conciencias de aquellos que no creen no están limpias. Debe ser así, porque sin la fe, la conciencia no tiene nada en que aferrarse.

Una vez conocí a unas personas que criticaban que diéramos «demasiado» honor a Jesús. Estábamos hablando sobre un dicho de Jesús, y uno de ellos me preguntó: «¿Crees en esto porque Jesús lo dijo o porque es verdad?». Le dije que lo creía por ambas razones: Porque Jesús lo dijo y porque es verdad. Siempre he sentido que debí haber dicho más; debí haber estado dispuesto a ser un tonto y decir: «Incluso si no lo entendiera, igual lo creería, porque Jesús lo dijo». Estas personas estaban horrorizadas de que alguien pudiera tener una fe sencilla en Jesús.

Cualquiera que no se haya perturbado por el escándalo del sufrimiento de Cristo y su total humillación, ignora lo que significa creer en él.

Jn 3:16–17

La Biblia dice: «Porque tanto amó Dios al mundo, que dio a su Hijo unigénito, para que todo el que cree en él no se pierda, sino que tenga vida eterna. Dios no envió a su Hijo al mundo para condenar al mundo,

sino para salvarlo por medio de él». Pero también
dice que el mundo será juzgado por su incredulidad.
Debemos estar conmovidos por lo que significa que
Dios «tanto amó al mundo»; entonces veremos lo
terrible que es no creer en él. Debemos pedirle a Dios
que nos avive de nuevo, hacia una fe y creencia más
profunda, hacia una fe capaz de enfrentar todos los
problemas personales, todos los problemas de la vida
compartida en comunidad y, en última instancia, los
problemas del mundo entero.

Lc 22:31–33 *De una carta:* Pedro le dijo a Jesús que estaba
dispuesto a morir por él, pero, a pesar de eso, lo negó
tres veces. Ninguno de nosotros puede decir que
tendrá la fuerza para soportar. Tal cosa solo es posible
en el poder de Dios. Solo él puede darnos la fortaleza.

Cuando las personas se sienten solas e inseguras de sí
mismas, a menudo es porque no creen con bastante
profundidad que Dios las entiende del todo. Pablo
1Co 13:12 escribe que si amamos a plenitud, entenderemos
como somos comprendidos plenamente. Las pala-
1Jn 4:19 bras de Juan también son muy importantes: Dios nos
amó antes de que pudiéramos amarlo. Esto es lo que
debe entrar en nuestros pequeños corazones, y a eso
debemos aferrarnos: el amor del gran corazón que nos
comprende plenamente.

Vivimos un tiempo en que el mundo entero está en convulsión, y podemos incluso esperar más acontecimientos impactantes de los que ya hemos visto. Solo hay una esperanza, solo una cosa a la cual aferrarse en cualquier situación: Jesús y su reino. En la vida y en la muerte, en gozo y en juicio, él sigue siendo nuestro único Salvador.

2Ti 3:1–9 Como Pablo nos advierte, las enseñanzas falsas y peligrosas están muy difundidas, también entre los llamados cristianos. Por lo tanto, mantengámonos sencillos y confiados en nuestra fe en el Hijo de Dios y el Hijo del hombre, y construyamos nuestra vida de amor fraternal sobre la roca de esta fe.

¿Por qué hay tantas personas hoy en día que no pueden encontrar la fe? Creo que hay varias razones. Algunos están satisfechos con lo que está sucediendo; están orgullosos de vivir en una época de gran cultura y civilización, y están ciegos ante el sufrimiento de la humanidad y de toda la creación. Han perdido de vista a Dios.

Otros se desesperan. Reconocen la injusticia del sistema económica y sufren con los oprimidos. Pero en su compasión olvidan la culpa del género humano, la culpa que todos debemos llevar. Y si ven la culpa, solo ven la culpa de cierta clase o nación, no la de todos los humanos. Ven la creación, pero no al Creador. También han perdido de vista a Dios.

Aun otros ven el pecado, la culpa y la debilidad humana, pero no tienen corazón, no tienen paciencia con los oprimidos y no sufren con ellos. Debido a que han perdido de vista a Dios, no escuchan el clamor de toda la creación. No tienen fe real, o han encontrado la fe solamente para sus propias almas y no para la humanidad que sufre.

Podemos encontrar la fe, solamente si primero encontramos a Dios. Cuando hayamos encontrado a Dios, empezaremos a ver la necesidad de los seres humanos desde su punto de vista, y creeremos que él puede superar esa necesidad. Los humanos deben reconocer que Dios ama al mundo, incluso en nuestra época. En la noche del juicio, que está pasando sobre nuestra llamada civilización, las personas necesitan escuchar que Dios todavía las ama y que ama su creación. El mensaje de fe es un mensaje de amor.

Duda

Heb 11:1, 6

De una carta: Nunca podrás probar —incluso a ti mismo— que Jesús existe. Creer debe ser una experiencia interior. Mientras trates de probar el objeto de tu creencia intelectualmente, tus esfuerzos se interpondrán en el camino de tal experiencia. No puedo probar la existencia de Jesús, no tengo nada más que mi fe viva. Tomás dudaba de que Jesús realmente resucitara

Jn 20:25–29

de los muertos; dijo: «Mientras no vea yo la marca de los clavos en sus manos, y meta mi dedo en las marcas y mi mano en su costado, no lo creeré». Entonces vio a

Jesús y creyó. Pero Jesús dijo: «Dichosos los que no han visto y sin embargo creen».

Poner en duda el amor de Dios y su cercanía conduce a la muerte, para alguien que ya le ha entregado su vida. Es bueno reconocer el mal dentro de uno mismo. Pero no debemos dudar nunca de la gran misericordia de Dios, incluso en juicio. La duda conduce a tormentos, que hacen que una persona sienta que está viviendo en el infierno. Debemos ser guiados hacia una permanente renovación y profundización de nuestra fe.

Cualquiera que piense que es extremadamente pecador —cualquiera que dude de que Jesús puede ayudarlo— se ata a sí mismo al diablo. Pone en duda la victoria de la cruz y obstaculiza la entrada del Espíritu Santo en su corazón. Debemos rechazar esta duda. Pues al fin y al cabo el evangelio dice que Jesús llevó el pecado de todo el mundo, y que «el que busca, encuentra; y al que llama, se le abre».

Mt 7:7–8

Cristo, el que vive, murió en la cruz para reconciliar todas las cosas con Dios. Esta reconciliación está más allá de nuestra comprensión humana. Pero sí sabemos que es posible para cada uno de nosotros, y que se nos llama a arrepentirnos y a encontrarlo.

Mt 6:6

De una carta: La única respuesta para tu tormento interior es la fe en Dios. Puede sonar como algo teórico, pero la fe es el único punto donde la luz puede irrumpir en tu vida. Piensa en el sermón del monte, donde Jesús le enseña a sus discípulos a orar: él dice que si te encierras en tu cuarto y oras en secreto, Dios, quien ve en lo secreto, te recompensará. Haz esto, y cree que Dios te escucha. Entonces podrás encontrar y encontrarás la gracia de Dios. Hay redención del mal si tú crees.

Lc 12:22–26

Jn 14:1

De una carta: Jesús nos advierte en contra de la preocupación, que al final de cuentas es la falta de confianza en el Padre. Libérate del afán y la preocupación; descansa tu corazón y simplemente confía en Dios y en Jesús.

Escribes que las pequeñas cosas son las que siempre te hacen dudar. No permitas que esto suceda. Dios quiere mostrarnos grandes cosas, él ha estado ahí desde el principio, y con él, la Palabra, Cristo. Todo fue creado por él. Piensa en las grandes dimensiones de la creación de Dios y su eternidad.

Quiero animar a cualquiera que se sienta desalentado, por haber hecho intentos fallidos de seguir a Cristo. No lo podemos seguir por nosotros mismos; todos somos igualmente incapaces. Pero es porque nuestra consagración a él no es completa. Solo cuando nos vaciamos por completo, cuando entregamos todo a Dios, él puede obrar. Mientras actuemos en nuestra propia vanidad, fallaremos. Dios nos muestra una y otra vez la forma tan terrible en que fallamos y nos interponemos en su camino, como iglesia y como individuos. El discipulado no es cuestión de nuestro propio esfuerzo; se trata de darle lugar a Dios, para que él pueda vivir en nosotros.

Dogmatismo

De una carta: Que Dios nos conceda grandes
corazones. Que tengamos fe en su obra en todos los
seres humanos, pero sin ninguna mezcla de espíritus.
Que nos conceda una fe clara y transparente, que
incluya el amor por todas las personas, pero sin
mezclarse con las tinieblas; que perdone y entienda a
todos, pero que no traicione ni una pizca de la verdad.

Tenemos que abrazar a Cristo en su totalidad: tanto
su severidad como también su acto de amor en la cruz.
Jn 1:29 El amor de Cristo por todas las personas es el amor del
Jn 5:29–30 «Cordero de Dios, que quita el pecado del mundo».
Sin embargo, él proclama la condenación eterna como
necesaria para el futuro del reinado de Dios, un reino
de amor, justicia y unidad. Cambiar o debilitar esto
sería tergiversar su mensaje.

De una carta: Tú afirmas que creer esto o aquello es
dogmático. Pero tal concepción es pura teología. Las
iglesias son las culpables, le han dado la impresión,
a millones de personas, de que ciertas creencias no
son más que un dogma, pero son ellas quienes las
convirtieron en dogma.

Somos libres de cualquier duda sobre los milagros
de Dios. Nos sentimos en completa libertad para creer
en el milagro del nacimiento de Jesús y en la venida
de Dios en Jesús. Por otro lado, nunca queremos
poner esto como una carga sobre las conciencias de

los demás, y rechazamos todas las disputas teológicas
sobre el asunto. Nosotros no dudamos que Jesús de
Nazaret vino directamente de Dios, y que era y es uno
con Dios, pero no vamos a discutir el tema a un nivel
dogmático. Rechazamos todo dogmatismo porque
mata. Esperamos y creemos en el Espíritu Santo.
El nacimiento de Cristo sucede una y otra vez.
El Cristo vivo se manifestará donde dos o tres están
unidos en su nombre, donde se le acepta con la misma
fe que María. Si creemos en el Espíritu Santo, entonces
la Palabra se encarnará en nuestros corazones y se nos
demostrará como el Hijo de Dios.

Esta encarnación es una realidad, pero el hecho de
que tú no puedas creerlo hace posible que participes en
una iglesia donde no cambian las condiciones injustas.
Atacas la injusticia social, pero sigues participando
en una iglesia donde el amor de Dios no se encarna,
y donde el mundo material es independiente de la
experiencia espiritual. Aquí radica una profunda separación entre la fe y la experiencia. Tú llamas a nuestras
creencias un dogma; de hecho, cualquier vida religiosa
que no cambie la vida en la carne y la esfera económica
es dogmática, y peligrosa para el hombre interior.

Debemos llegar a ser «estrechos» en el sentido correcto,
«estrechos» en el sentido de que vivamos solamente
para Cristo. No quiero decir en absoluto que nuestras vidas deberían mostrar más religiosidad. No hay
nadie con una grandeza de corazón como el Cristo

crucificado, cuyos brazos extendidos buscan a todas las personas. Es una cuestión de decisión del propio corazón: vivir *solamente* para Cristo. Si tenemos esta decisión, tendremos corazones amplios, aunque no, por supuesto, en el sentido mundano de la tolerancia a todo y por todo.

De una carta: La cuestión principal es que estamos unidos en las cosas que consideramos valiosas —amor, apertura y compartir— en nuestra lucha contra la coacción, en nuestra lucha contra el egoísmo, en entender a nuestros hijos, en buscar la liberación de la propiedad privada, y demás. Es por esas cosas que vivimos juntos. Queremos seguir a Jesús y a nadie más; queremos seguir sus pasos. Queremos que el reino de Dios venga a esta tierra.

Mt 17:27   Quieres una vida libre de los pecados de la sociedad. Sin embargo, ni siquiera Jesús estaba libre de la «culpa» de usar riquezas injustas. Hay una diferencia entre la culpa personal directa y la culpa colectiva de la creación caída. No podemos separarnos a nosotros mismos de la culpa colectiva; tendríamos que vivir aislados en nuestro propio pedazo de tierra y perderíamos todo contacto con nuestros semejantes. Es mejor tener una relación de negocios con una persona, que no tener ningún tipo de relación.

Explica en qué sentido quieres decir: «¿Por qué no podemos trabajar para reclamar la tierra y ayudar a traerla de vuelta bajo el poder de Dios, en vez de

unirnos a los caminos destructivos del mundo?».
¿Cómo podemos hacer lo que sugieres, sin aislarnos
por completo del mundo? Inténtalo. Haz lo que
quieras hacer. Terminarás con muchos principios, pero
en completa soledad y desamor.

De una carta: Los principios mismos no conducen al
desamor, pero en mi experiencia a menudo conducen
al desastre. Conocí un hombre que no utilizaba dinero,
ni un pasaporte ni la oficina postal, y fue encarce-
lado una y otra vez por no pagar los impuestos. Era
muy firme en cuanto a sus principios, pero terminó
perdiendo su fe en Jesús, y luego también todos sus
principios.

De una carta: ¿Dónde está Dios en tu temor a utilizar
formas religiosas externas? Todo fue creado en él, y
nada fue creado sin él. Le dio forma a todo lo que
vemos en la belleza de la tierra. Tu deseo de prescindir
de todas las formas es anticristiano. ¿No permitió Jesús
ser bautizado y no estableció la cena del Señor o la
comida de conmemoración?
   El cristianismo formal es espantoso. Pero vas
demasiado lejos con tus temores. El matrimonio es
una forma; también lo es la mesa en común o el fondo
común. Sencillamente no puedes tenerle miedo a todas
las formas, de lo contrario no podrías vivir ningún tipo
de vida cristiana.

De una carta: ¿De qué nos sirve compartir nuestros
bienes, o vivir en comunidad y ser uno en la fe, si
se perjudican las almas humanas, porque tenemos
muy poco tiempo para amar a nuestros hermanos
y hermanas y expresarles este amor una y otra vez?
Estemos alertas para que jamás nos obsesionemos
con un principio, aunque sea correcto y verdadero.
En sí mismo, el principio «correcto» es mortal. Mata
el alma. Los principios «correctos» resultaron en
Getsemaní. Con demasiada facilidad ocupan el lugar
que le pertenece solo a Dios, a su bondad y a su gracia.
Nuestros principios deben ser opacados por nuestro
amor mutuo y por la compasión y la gracia de Dios.

Compromiso

Muchas personas se acostumbran al dualismo, en el que sus vidas se dividen en partes, y esto produce una gran tensión. También lo observamos entre la llamada gente religiosa, quizá sobre todo entre ellos. Pero Jesús fue absolutamente de una mentalidad no dividida.

Mt 13:45-46 Demandó que vendiéramos todas las joyas, a fin de comprar la única perla de gran precio. No debiéramos mirar una cosa con un ojo y tratar de seguir a Jesús con el otro. Si reflexionamos a fondo sobre esto, cada uno de nosotros se dará cuenta de que tiene que confrontar

Stg 1:1-5 la doblez en su propio corazón. Debemos renunciar a toda duplicidad. Queremos ser de un corazón y un alma, tanto dentro de nosotros como con nuestro prójimo. Es una cuestión de vida o muerte. A menos que encontremos la integridad de corazón y de mente, nuestra doblez nos hará pedazos.

De una carta: Debemos estar preparados para defender nuestras propias convicciones, incluso sufrir la muerte por causa de Jesús. En *The Chronicle of the Hutterian Brethren* * hay una historia sobre un niño de dieciséis años, el hijo de un molinero, quien se

---

* *The Chronicle of the Hutterian Brethren*, vol. I. Rifton, NY, Plough Publishing House, 1987, pp. 64–65. Una historia de los huteritas y otros anabautistas en la Europa del siglo xvi. La traducción al inglés está basada en las ediciones alemanas de Rudolf Wolkan, ed. (Viena, 1923), y A. J. F. Zieglschmid, ed. (Evanston, IL, 1943).

convirtió a la fe y modo de vida anabautista. Cuando
lo capturaron y lo condenaron a ser decapitado, un
noble rico ofreció llevárselo y criarlo como si fuera
su propio hijo, con la condición de que se retractara.
Pero el niño mantuvo su fe en Dios y fue ejecutado. Si
el discipulado es realmente el camino que queremos
seguir, debemos estar preparados para ese sacrificio,
por duro que sea y a pesar de nosotros mismos y de
nuestras fallas.

Una promesa hecha a Dios no puede hacerse sobre
la fuerza de la fidelidad humana. Debemos depender
de la fidelidad de Dios. Nadie es lo bastante fuerte en
su propia fortaleza para soportar, por ejemplo, lo que
padecieron los primeros mártires cristianos y otros a lo
largo de la historia; pero Dios es fiel. Si nos rendimos a
él, sus ángeles lucharán por nosotros.

Ap 2:4, 5   ¿Todavía tenemos nuestro primer amor por Jesús,
nuestra disposición a darlo todo, incluso a enfrentar
la muerte por su causa? Hoy tenemos una casa y un
hogar, pero no sabemos qué nos deparará el futuro. Los
tiempos son muy inciertos. En el curso de la historia
de nuestra comunidad hemos tenido que ir de un país
Jn 15:20   a otro. No podemos ofrecer la seguridad humana. Jesús
promete a sus discípulos que serán perseguidos y que
sufrirán. No podemos prometer nada mejor. Nuestra
única seguridad es Jesús mismo.

No debemos olvidar que Jesús nos enseñó un camino de amor pleno y total, un camino que implica amar incluso a nuestros enemigos y orar por aquellos que nos persiguen. Como discípulos de Jesús, no se nos prometen solo días buenos. Debemos estar preparados para la persecución. A lo largo de la historia hay gente que ha sido asesinada por sus convicciones. Deberíamos estar agradecidos, de que hemos sido protegidos hasta ahora, pero también debemos estar listos para sufrir por nuestra fe.

El compromiso de un cristiano con Cristo no se puede cambiar debido a las circunstancias. Esto debe quedar muy claro. Para los miembros de mi iglesia, por ejemplo, la protección más amplia de la comunidad podría ser confiscada en cualquier momento. Pero, incluso si por causa de la persecución quedara solo una persona de nuestras comunidades, todavía tendría que cumplir sus compromisos.

Si amamos a Dios con todo nuestro corazón, alma y ser, si vivimos nuestras vidas por causa de su honor y para el reino de Dios, entonces podemos referirnos a él con seguridad en nuestras oraciones como «A ti clamo, Señor, roca mía». No importa si tenemos enemigos, ni lo que estos digan sobre nosotros. Escucharemos la voz de Dios en nuestros corazones y seremos fieles.

Sal 28:1

Debemos ser fieles *hasta el final.* Para un cristiano
la etapa más peligrosa es la mitad de su vida. Al
comienzo, cuando nuestra fe es nueva, Dios parece
estar especialmente cerca de nosotros. Sin embargo,
después de varios años la tibieza se impone. Si somos
consagrados, Dios nos sostendrá durante nuestros años
intermedios, aunque todavía debemos estar vigilantes.
Pero no tengamos miedo. Si somos fieles a Dios, nada
podrá separarnos de su paz.

La naturaleza inferior

Tentación* A veces me pregunto si no nos hemos convertido demasiado mundanos en ciertas cosas. ¿Acaso ocupan demasiado nuestros corazones los deportes, los negocios y la preocupación por el dinero? Estas son obvias distracciones o tentaciones «mundanas». Pero también existe el peligro de que incluso los dones que Dios nos da, como las bellezas de la naturaleza o las alegrías del amor humano, puedan convertirse en un sustituto de la verdadera experiencia de Cristo.

Heb 2:18 La carta a los Hebreos afirma claramente que Jesús fue tentado igual que cualquier otro ser humano. Cuando Jesús fue tentado en el desierto, Satanás vino a él y utilizó palabras de la Escritura para tentarlo. Solo después de la tercera tentación, Jesús lo reconoció y Mt 4:1–10 dijo: «¡Vete, Satanás!».

En cierto momento, la idea de que Jesús fuera tentado, me pareció blasfema. Pero ahora veo que no hay duda: *fue* tentado como cualquier otro ser Heb 4:15 humano. Eso es lo que dice el Evangelio. A pesar de eso, está claro que Jesús nunca pecó.

¿Dónde termina la tentación y dónde comienza el pecado? Si somos acosados o tentados por malos pensamientos, eso en sí mismo no es pecar. Por ejemplo, si un pensamiento impuro viene a nosotros

---

* Para esta sección, se ha usado ampliamente el libro del autor: *Freedom from Sinful Thoughts*. Rifton, NY, Plough, 1997.

y lo rechazamos, no es pecado. Pero si compramos una revista pornográfica para satisfacer fantasías sexuales, eso es pecado.

Stg 1:13–15   Es cuestión de lo que hacemos cuando viene la tentación, qué actitud tomamos. Cuando Jesús fue tentado por Satanás, en cada ocasión tuvo una respuesta para él. Por eso tenemos que orar: por una respuesta ante cada tentación.

Nunca seremos completamente libres de la tentación, ni siquiera deberíamos esperarlo; el mismo Jesús nunca alcanzó ese estado. Pero debemos pedirle a Dios que nos proteja de la tentación, y que nos conceda la respuesta apropiada para cada ocasión ante el tentador.

De una carta: No puedo decirlo con mayor contundencia: Si haces alarde de tu figura o cabello, o si te vistes para tentar a otra persona con un aspecto impuro, cometes un pecado que merece disciplina en la iglesia. Jesús dice en el sermón del monte, que cualquiera que haga una mirada impura sobre otro es culpable. Pero, si de manera voluntaria e intencional induces a otro hacia esa tentación, eres igual de culpable.

Pablo describe la lucha del creyente, contra los malos pensamientos, como una lucha victoriosa en la que

2Co 10:5   «llevamos cautivo todo pensamiento para que se someta a Cristo». Pablo da por sentado que las personas tienen argumentos y obstáculos en sus mentes y que estos

deben ser llevados cautivos para obedecer a Cristo.
Todos nosotros debemos pelear esta batalla. No
debemos sorprendernos si somos tentados; es parte de
la vida.

Lo maravilloso de las palabras de Pablo es su certeza,
de que estos pensamientos pueden ser llevados cautivos
para obedecer a Cristo. Por supuesto, la victoria no
siempre es fácil. Debemos enfrentarnos al hecho de
que una guerra entre el bien y el mal se está librando
constantemente por toda la humanidad. Ha estado
sucediendo desde la caída del ser humano, especialmente desde la muerte de Cristo y la venida del
Espíritu Santo en Pentecostés. Si alguien está ator-
mentado por malos pensamientos, debe recordar que
la batalla espiritual es mucho más grande que la de su
propio corazón. Es más grande incluso que la de toda
la iglesia.

El enemigo es muy real, y si reconocemos esto no
vamos a ser indiferentes. Pero Cristo también es muy
real. Para encontrar la verdadera libertad del corazón,
tenemos que experimentarlo.

Heb 4:15   Por la carta a los Hebreos, sabemos que Jesús fue
tentado como nosotros; él no pecó, pero nos entiende
en nuestra tentación y necesidad. Todos —cada
hermano y hermana, y cada persona joven o mayor—
deben saber que tenemos un sumo sacerdote, un rey,
Heb 5:7   un señor que entiende. Hebreos 5:7 dice: «En los días
de su vida mortal, Jesús ofreció oraciones y súplicas

con fuerte clamor y lágrimas al que podía salvarlo».
Todos nosotros somos culpables de pecados en el
pasado, así que todos debemos tener la sensación
de venir ante Dios en oración «con fuerte clamor y
lágrimas» y acudir a él con la fe de que puede salvarnos
y a todos por quienes oramos.

Si deliberadamente tenemos malos pensamientos,
sean pensamientos de poder sobre otras personas,
de impureza, de odio, o de cualquier otro mal seme-
jante, algún día vamos a actuar conforme a ellos.
Pero es muy diferente si estamos atormentados por
ideas, imágenes o pensamientos que en realidad no
queremos, y en lugar de ellos daríamos cualquier cosa
por tener un corazón puro. Nunca es posible hacernos
puros por nuestra propia voluntad. Cuando estamos
tensos y ansiosos por dentro contra algo malo, esto
puede llevar incluso a que ese mal tenga mayor poder
sobre nosotros. Pero nunca debemos olvidar que Dios
ve con más profundidad que nosotros. Incluso si nos
hundimos cada vez más en los malos pensamientos
que realmente no queremos, Dios verá que no los
queremos y nos ayudará.

Aun Jesús fue tentado por el diablo. Pero venció todo
mal al confiar por completo en su Padre. Tú también
serás tentado, y cuando lo seas, todo lo que importará
será si confías plenamente o no en Jesús y en el poder

de la cruz. A menos que pongas tu confianza y fe en Jesús, serás derrotado.

La sensación de ser abandonado por Dios, produce el sufrimiento más terrible. Y que el Hijo de Dios lo haya sentido cuando murió, debió ser una experiencia tan terrible que no podemos comprender. Pero, a pesar de eso, Jesús exclamó: «¡Padre, en tus manos encomiendo mi espíritu!».

Lc 23:46

Aquí encontramos la coronación de la fe. Su experiencia del abandono de Dios, no le quitó a Jesús su confianza y fe en su Padre, que es también nuestro; entregó su espíritu en sus manos.

Si queremos ser sanados de las heridas provocadas por las artimañas y dardos de Satanás —por los malos sentimientos, ideas o pensamientos— debemos tener la misma confianza absoluta en Jesús, como él la tenía en Dios, de modo que aunque no sintamos nada todavía, nos entregamos a él por completo y sin reservas, con todo lo que somos y lo que tenemos. A fin de cuentas, todo lo que tenemos es nuestro pecado. Pero le debemos entregar nuestro pecado con confianza. Entonces nos concederá el perdón, la limpieza y la paz del corazón, que producen un amor indescriptible.

Cuando la depresión, o cualquier otra cosa que no sea Jesús, amenaza con gobernar en nuestros corazones, debemos acudir a Jesús. Con él encontraremos victoria y paz. Estoy seguro de que en la cruz podemos ser victoriosos sobre todas las cosas que nos acontecen en la vida, sean las que sean.

Pecado

Muchas personas ya no saben qué es una buena conciencia; están cargando diariamente con los pecados de nuestra época. Debemos tener cuidado de mantener puras nuestras conciencias, y debemos hacerlo desde la infancia. Una vez que nos acostumbremos a vivir con una mala conciencia, perderemos todo: nuestra relación con Dios y nuestro amor hacia los demás.

Heb 5:7

¿Quién de nosotros toma nuestra lucha contra el pecado tan en serio que luchamos con fuerte clamor y lágrimas? Jesús lo hizo. Nadie ha luchado nunca como Jesús: nadie. El diablo no quería otro corazón más que el suyo. Y porque Jesús luchó mucho más duro de lo que jamás tendremos que luchar cualquiera de nosotros, entiende nuestras luchas. De eso podemos estar seguros. Pero tenemos que luchar. Jesús dice que

Mt 16:24

los que quieran seguirlo, deben tomar su cruz como él tomó la suya. Quiero desafiar a todos a luchar como Jesús lo hizo: a luchar hasta la muerte.

El apóstol Pablo habló de sí mismo como el más grande pecador. No se trataba de solo palabras

piadosas, realmente fueron en serio. Había perseguido
a la iglesia primitiva y era responsable de muchas
muertes de mártires, y sabía que era un enemigo
de Dios.

En Pentecostés, las multitudes en Jerusalén también
se veían a sí mismos como pecadores, sentían que
no eran buenos, «se compungieron de corazón»,
y cuando el Espíritu Santo vino sobre ellos, no se
sintieron dignos de él. De hecho, se veían a sí mismos
como asesinos de Cristo. Pero debido a este reconocimiento, Dios podría usarlos. Si queremos ser usados
por Dios, no debemos hablar y predicar a los demás
sobre el amor, sin reconocer que cada uno de nosotros,
también, es en realidad un pecador.

Hch 2:37 RVR60

El pecado no es solo un asunto de nuestra naturaleza
inferior. Todos tenemos que luchar contra nuestra
naturaleza inferior, pero algunas personas van más allá
y caen en el pecado satánico. El pecado satánico significa querer alabanza para sí mismo y querer la gloria
que le pertenece solamente a Dios. Es un deseo de
poder sobre las almas y los cuerpos de los demás, con el
fin de ser adorado, y en última instancia es el deseo de
ser Dios. Es el camino del Anticristo.

Si nos entregamos al pecado satánico, todos los
pecados de nuestra naturaleza inferior también se
mostrarán: impureza, codicia, avaricia, hipocresía,
envidia, odio, crueldad y finalmente asesinato.

De una carta: Te agradezco por el amplio y completo relato de tu vida, y por el intento de confesar del todo tus pecados. Tengo una profunda compasión contigo, cuando escucho sobre tu difícil infancia. Cuando pienso en la infancia bendecida que tuve, siento vergüenza; de seguro Dios me pedirá más a mí que a ti.

Tu pasado me hace pensar en las palabras de Jesús:

Lc 5:31–32 «No vine por los sanos y los justos, sino por los enfermos y pecadores». No lo olvides; aférrate a eso en todo momento de necesidad y de tentación.

Querido hermano, necesitamos ver y experimentar todo el evangelio: el inmenso y supremo amor de Jesús a los pecadores, por los que murió; pero también la severidad de sus parábolas y sus estremecedoras pala-

Mt 8:12 bras para aquellos que no se arrepienten: «habrá llanto y rechinar de dientes».

Ap 22:12–15 Apocalipsis 22:12–15 contiene la esencia de todo el evangelio: habla sobre los salarios pagados a todos los que han hecho buenas obras y la bendición dada a todos los que han purificado sus ropas con la sangre del Cordero. Pero luego viene una sentencia cortante que no podemos suavizar: «Pero afuera se quedarán los perros, los que practican las artes mágicas, los que cometen inmoralidades sexuales, los asesinos, los idóla-tras y todos los que aman y practican la mentira».

Si entregamos nuestros corazones al mal, el diablo entrará en nosotros y nos dominará. Lo hace cada vez que fabricamos nuestros propios dioses. Para

los antiguos judíos fue el becerro de oro. Hoy, el
poder del dinero se ha convertido en un dios. Por
Dt 6:4–5 lo tanto, el primer mandamiento de Dios es amarlo
Mr 12:30 con todo nuestro ser, mente y corazón. Por supuesto,
es imposible cumplir este mandamiento sin confiar
realmente en Dios, sin ser capaz de creer que solo lo
bueno proviene de él, y que siempre quiere lo mejor
para nosotros, con la condición de que hagamos su
voluntad.

Mr 12:31   El segundo mandamiento de Jesús, que es tan
importante como el primero, es amar a nuestro
prójimo como a nosotros mismos. El diablo siempre
nos insinuará y nos dirá que no confiemos en nuestro
prójimo, y si le hacemos caso entrarán en nuestras relaciones división, desconfianza y pecado. Aquí en Estados
Unidos vemos esto especialmente en el racismo. Pero
lo vemos en todo el mundo: en la guerra y en cada
corazón humano donde exista odio contra otro.

No hay nada que puedas esconder de Dios. Puedes
Heb 4:13 esconder tus pecados de los demás, pero al final todos
saldrán a la luz, incluyendo tus pensamientos secretos.
Si un pensamiento malo es pecado o no, depende de
si lo aceptas y lo alimentas o asumes una actitud para
rechazarlo. Lutero dijo que los malos pensamientos
llegan como pájaros volando sobre nuestras cabezas.
No podemos evitarlos. Pero, si les permitimos construir
nidos en nuestras cabezas, entonces somos responsables
por ellos.

De una carta: Te suplico que te alejes por el resto de
tu vida de toda dureza y crueldad, especialmente de
la crueldad hacia los niños y los enfermos o personas
débiles. ¿Qué les dijo Jesús a sus discípulos, cuando
querían hacer descender fuego del cielo para destruir la
aldea que se rehusó a recibirlos? Estaba horrorizado por
su duro y malintencionado espíritu, y los reprendió:
Lc 9:55–56 NBLH   «Ustedes no saben de qué espíritu son, porque el Hijo
del Hombre no vino para destruir las almas de los
hombres, sino para salvarlas». Piensa siempre en Jesús;
entonces cambiará tu corazón.

De una carta: No entiendo por qué viniste a la iglesia
y mentiste. Cuando Ananías y Safira vinieron a unirse
a la iglesia en Jerusalén, pero retuvieron su dinero
Hch 5:4   deshonestamente, Pedro les preguntó: «¿Cómo se te
ocurrió hacer esto? ¡No has mentido a los hombres sino
a Dios!». También les dijo que ellos podían haberse
alejado de la iglesia y haber guardado lo que tenían para
ellos mismos.

 ¿Por qué vienes a unirte a nosotros si al mismo
tiempo cargas tu conciencia mintiendo a Dios y a nosotros? Tendrás que dar cuenta por esto. El destino del
Heb 9:27   hombre es morir, después debe ser juzgado por Dios. Si
no quieres enfrentar el juicio ahora, tendrás que enfren-
tarlo después. No te obligaremos. Hebreos 10:26–27
Heb 10:26–27   dice: «Si después de recibir el conocimiento de la verdad
pecamos obstinadamente, ya no hay sacrificio por los
pecados. Solo queda una terrible expectativa de juicio».

Heb 12:15

Hebreos 12:15 dice: «Asegúrense de que nadie deje de alcanzar la gracia de Dios». Eres libre de seguir jugando con Dios, pero entonces no tenemos nada que ver contigo, y tendrás que responder solo ante Dios. ¡Todavía hay una oportunidad para que cambies!

Ro 8:1–2

«Ya no hay ninguna condenación para los que están unidos a Cristo Jesús, pues por medio de él la ley del Espíritu de vida me ha liberado de la ley del pecado y de la muerte». Este es un pensamiento tan feliz: todo pecado ha sido derrotado. Pero si observamos nuestra propia experiencia, vemos que no ha sido derrotado del todo, y la razón es simplemente que no estamos viviendo en Jesucristo, sino en nuestra vieja naturaleza. Es una ilusión pensar que no tenemos esta naturaleza inferior. Hemos venido al mundo con esa naturaleza, y nosotros mismos no podemos cambiarla, ni siquiera con las mejores intenciones. Pero Cristo puede cambiarla si confiamos en él y nos entregamos incondicionalmente a él.

Ro 8:5

«Los que viven conforme a la naturaleza pecaminosa fijan la mente en los deseos de tal naturaleza.» Esto lo experimentamos una y otra vez: las personas cuya perspectiva se basa en su naturaleza inferior dan lugar al odio, celos y envidia, como si Cristo no hubiera venido, como si no hubiera muerto en la cruz, como si su sacrificio fuera en vano. Esto es extremadamente doloroso. Pablo dice: «La mentalidad pecaminosa es

Ro 8:7–8

enemiga de Dios, pues no se somete a la ley de Dios,

ni es capaz de hacerlo. Los que viven según la naturaleza pecaminosa no pueden agradar a Dios». No se puede decir de forma más contundente: aquellos que no pueden someter sus deseos puede que no traten de hacer ningún mal, pero de hecho sus vidas son hostiles a Dios. Pues no están sujetos a su ley. Lo mismo se aplica a cualquiera que viva en impureza, odio, celos, engaño o cualquier otro pecado. Es imposible para esa persona agradar a Dios.

Ro 8

Pablo habla en Romanos 8 sobre la naturaleza inferior o naturaleza carnal, y debemos estar claros que esto incluye nuestros deseos por la comida, la comodidad y el sexo. Todos deben estar sujetos al Espíritu. Necesitamos comida y vivienda, y afirmamos el sexo dentro del matrimonio, pero si estas cosas nos gobiernan en lugar de Cristo, estamos pecando. Dios sabe que necesitamos comida en la mesa todos los días, pero eso no debe gobernarnos. No debemos volvernos dependientes de la buena comida ni de consentir a nuestros hijos o a nosotros mismos. Por supuesto, la comida es solo un simple ejemplo. Si somos dominados por *cualquier cosa* en lugar de Cristo, aun las cosas espirituales —el pensamiento y la lectura religiosos—, estamos viviendo en la carne. Incluso si fuéramos a afiliarnos a la filosofía de mayor mortificación personal, como la de Buda, todavía sería en la carne, porque estaríamos inflando nuestro orgullo al ponernos en el centro en lugar de Cristo.

Ro 8:9

Todo depende de si estamos completamente entregados a Cristo. Romanos 8:9 dice que el que no tiene el espíritu de Cristo ni siquiera es cristiano. Pero no podemos adquirirlo nosotros mismos, solo podemos recibirlo al entregarnos a él. El Evangelio dice que: «el que pide, recibe... y al que llama a la puerta, se le abre». Es decir, el que pide recibirá agua viva sin necesidad de pagar nada.

Mt 7:7–8

Tenemos gran compasión con personas que luchan en vano, año tras año, para vencer sus debilidades, pero al mismo tiempo debemos admitir que en realidad son culpables. No hay excusa para ellos, porque no se entregan en fe a Cristo. Como escribe Pablo: «Ya no hay ninguna condenación para los que están unidos a Cristo Jesús, pues por medio de él la ley del Espíritu de vida me ha liberado de la ley del pecado y de la muerte». Esta posibilidad está abierta a todos. No podemos escondernos de Dios y decir: «Somos demasiado débiles» o «queremos cambiar, pero no podemos». A fin de cuentas, estas excusas no tienen fundamento. Pablo continúa:

Ro 8:1–2

Ro 8:12–13

Por tanto, hermanos, tenemos una obligación, pero no es la de vivir conforme a la naturaleza pecaminosa. Porque si ustedes viven conforme a ella, morirán; pero si por medio del Espíritu dan muerte a los malos hábitos del cuerpo, vivirán.

Son palabras bastante fuertes. ¿Quién realmente puede decir que la naturaleza inferior no tiene ningún

derecho sobre él? Tal libertad del pecado depende de la
absoluta consagración a Cristo. Debemos dar muerte a
cada forma de pecado. Entonces, será imposible que los
celos, el odio, la impureza, las mentiras y cualquier otro
pecado tengan victoria en nosotros.

Hay personas que no rompen con el pecado porque
piensan que no pueden. Pero no es verdad. Jesucristo
siempre está ahí, y también el Espíritu Santo, y si

Ro 8:26–27   alguna alma realmente clama a Dios, el Espíritu le
hablará a Dios por él. Así que no hay excusa alguna
para no dejar de pecar. No hay nadie que tenga tanta
compasión y amor por los pecadores como Jesús, pero
él no excusa el pecado. Imploremos para que todos
puedan encontrar la libertad del pecado en Cristo Jesús.

La autocompasión y el orgullo, que están estrechamente relacionados, no tienen nada que ver con la
cruz. Ambos se preocupan solo conmigo, de mí, del
yo. Debemos alejarnos de ellos, de lo contrario no
podremos experimentar la victoria total sobre nuestra
pecaminosidad. Se dice que en la época de la iglesia
primitiva, los demonios gritaban: «¿Quién es el que nos
priva de nuestro poder?». Los creyentes respondieron
con el jubiloso grito de victoria: «¡Cristo, el crucificado!».* Esa debería ser nuestra proclamación.

---

* Eberhard Arnold, ed. *The Early Christians In Their Own Words*. Walden,
NY, Plough, 1997, p. 6.

Jn 13:34 TLA «Ámense unos a otros» es uno de los mandamientos más importantes de Jesús, y debemos tomarlo con la mayor seriedad. Hay otros mandamientos que también debemos obedecer: no debemos amar el dinero; no debemos cometer adulterio; no debemos deshonrar nuestros cuerpos; y hay muchos otros pecados que debemos evitar. Pero el supremo mandamiento de Cristo es amar. Y por lo tanto pienso que la falta de amor es el mayor pecado.

Dios juzgará todas las formas de desamor, pero especialmente el desprecio: el acto de hacerle creer a alguien que es un tonto. Cristo dice: «Todo el que Mt 5:22 se enoje con su hermano quedará sujeto al juicio del tribunal... Pero cualquiera que lo maldiga quedará sujeto al juicio del infierno». ¿Quién no se ha enojado nunca con su hermano, o jamás se ha burlado de él? ¿Quién no ha hablado nunca en forma denigrante sobre otro? Cristo nos desafía a vivir en perfecto amor.

De una carta: Me siento culpable de ser demasiado duro e incluso estar enojado a veces con mis hermanos y hermanas. Debemos aprender de Jesús cómo ser amables y gentiles. Por otro lado, nunca debemos ser vacilantes; nuestra compasión siempre debe estar mezclada con la sal de Cristo.

Jn 17:15–16   La idea de que estamos «en el mundo» pero no «somos del mundo», no puede entenderse solo con el intelecto. Desde luego, seguiremos en el mundo mientras vivamos. Pero no debemos ser «de él». Algunos dicen que bailar es «del mundo» o «de la carne». Otros dicen que es mundano llevar vestidos cortos. Incluso otros dicen que el alcohol es mundano, o que cierta música o ciertos vehículos lo son. Hay muchas cosas llamadas mundanas. Si vivimos en el Espíritu Santo, sentiremos en nuestros corazones aquellas cosas del mundo a las que debemos renunciar. ¡Que no deseemos lo que es de la carne; pero que seamos guardados de hacer normas y reglamentos para prevenir lo mundano! Que Dios nos muestre qué es del Espíritu Santo y qué es del espíritu del mundo.

Si solo tuviéramos la ley, todavía podríamos odiar a alguien aun sin matarlo; todavía podríamos tener malos pensamientos sobre alguien sin derramar sangre. Pero eso no es suficiente. Como Pablo lo dice justa-

Ro 7:22–25   mente, la ley nunca puede cambiar nuestros corazones. Jesús es quien debe vivir en nosotros. A través de él podemos amar a nuestro enemigo, y por medio de él podemos llenar nuestros corazones con pensamientos de Dios.

De una carta: Tienes que estar absolutamente decidido para seguir a Jesús. No es cierto que eres demasiado

débil para vencer el pecado, eso es una mentira del
diablo. En Jesús *es* posible vencer el pecado. Por eso
murió en la cruz. Vive plenamente para él.

Mt 5:6–8

«Dichosos los que tienen hambre y sed de justicia...
Dichosos los compasivos... Dichosos los de corazón
limpio...» Ser limpio y puro de corazón es quizá lo
más difícil. Es más fácil tener hambre y sed de justicia
o ser compasivo o misericordioso. Nosotros mismos no
podemos purificar nuestros corazones.

Mt 18:3

Solo los niños tienen un corazón puro, y por eso
Jesús dice que debemos volvernos como niños. Pero
sabemos que si nos esforzamos en volvernos como
niños, las cosas que no son de Dios —impureza,
envidia y vanidad— entran en nuestros corazones
continuamente, y por eso necesitamos que Cristo nos
purifique una y otra vez.

Confesión

De una carta: Comprendo profundamente a cualquiera que se sienta oprimido y agobiado por los
pecados del pasado, y tenga el deseo de confesarlos.
Pero la confesión en sí misma no ayuda. La gente paga
mucho dinero para contarle a los psiquiatras todos sus
sufrimientos y pecados, y los psiquiatras les ayudan a
encontrar maneras de calmar sus conciencias. Pero la
psiquiatría por sí sola no logra la libertad verdadera.

Dices que has confesado tus pecados, pero no has
encontrado la libertad. La encontrarás solo cuando

confieses tus pecados con fe: la fe en Dios y en la cruz de Jesucristo, quien murió por los pecados del mundo. Todas las otras confesiones consisten simplemente en depositar tus cargas sobre otra persona y luego la carga acaba por regresar. La paz la encuentran solo aquellos cuya confesión de pecados está unida con una fe viva. Te deseo esta fe.

Con respecto a la confesión: todo pecado consciente debe confesarse, pero esto no significa ahondar en el subconsciente de cada pequeño detalle. Cuando Dios nos dice, por medio de nuestra conciencia, que algo está mal, debemos confesarlo y aclararlo para que pueda ser perdonado. Pero la confesión no debería convertirnos en egocéntricos; queremos encontrar a Jesús, no a nosotros mismos.

De una carta: Preguntas qué malos pensamientos se deben confesar. A todo ser humano le llegan pensamientos sobre los que debería decir: «¡Apártate de mí, Satanás!». Si respondes a esos malos pensamientos con esta actitud, no necesitas confesarlos, pero sí deberías olvidarlos lo antes posible. Incluso si tienes que luchar contra un pensamiento malo por algunos momentos antes de rechazarlo, no necesariamente tienes que confesarlo. Pero, si das lugar a un pensamiento malo, y lo dejas convertirse en parte de ti, debes confesarlo.

Mt 16:23 DHH

Te aconsejaría que no te ocupes demasiado en tus pensamientos.

De una carta: Afirmo la santidad de la confesión privada en el temor de Dios, y no pienso que sea correcto que las personas que descargan sus pecados sean etiquetadas por ellos. Sin embargo, al mantener el secreto de la confesión, hay un punto donde estaría pecando si me reservo para mí mismo lo que escucho. Si un miembro de la iglesia cometiera un pecado grave como el adulterio, sentiría que estoy traicionando a Dios si me quedara callado al respecto.

Orgullo espiritual

La Biblia dice que debemos luchar contra la carne, y la gente suele entenderlo en el sentido de nuestra sexualidad, o tal vez excesos de comida y bebida. Pero ese no es el único significado de la palabra «carne». Desde luego, la impureza sexual y el estilo de vida lujurioso son «de la carne», pero también lo es el ego, al igual que el orgullo espiritual y todo lo demás en nosotros que no es de Cristo.

Debemos pedirle a Dios que muera nuestra carne, particularmente nuestro orgullo. Si somos orgullosos, Dios no puede acercarse a nosotros. El orgullo es la peor forma de la carne, porque no deja espacio para Dios en el corazón.

Mt 6:1–5

Jesús nos advierte muy tajantemente contra la falsa piedad, contra el deseo de ser vistos por los demás como «espirituales» o «buenos». Todos los que quieran tal reconocimiento no recibirán ninguna recompensa en el cielo. Al ser honrado por otros, ya tienen en ese momento su recompensa. Lo mismo se aplica a las personas que hacen obras de amor y las presumen como un espectáculo. Cristo dice que la mano izquierda no debe saber lo que hace la mano derecha.

Mt 6:3

Todos tenemos en nosotros el deseo de ser queridos, respetados o reconocidos por nuestra bondad. Pero Jesús nos advierte en contra de esta tentación y dice que nuestra piedad no debe ser exhibida delante de los demás. Dios ve lo que está en secreto y lo recompensará.

Tan pronto como sentimos que somos alguien especial, o que tenemos algo especial para representar ante los demás, estamos en peligro de perder todo lo que hemos recibido de Dios. No importa lo que hayamos experimentado de Dios, nosotros mismos todavía somos pobres espiritualmente. Hay una verdad espiritual en las palabras de Jesús: «¡Ay de ustedes los ricos! ¡Ay de ustedes los que ahora están saciados!». Tan pronto como nos aferramos a nuestros propios reconocimientos de la verdad, en lugar del Dios vivo, nuestra experiencia religiosa será como una piedra fría

Lc 6:24–25

en nuestras manos. Incluso la experiencia espiritual más profunda o más rica morirá si se convierte en algo en sí misma.

De una carta: Querido hermano, has estado orgulloso de tu trabajo; has pensado poco en tus hermanos y hermanas, y has vivido en falsa humildad, que es la forma más letal de orgullo espiritual. No hay duda que eres dotado, que eres fuerte, que eres inteligente, y que logras hacer muchas cosas, pero ese no es el problema. Nosotros no vivimos juntos por causa de estos dones, son mortales y pasarán. Lo que dura para siempre es la humildad y el amor: amor, el incorruptible «tesoro en el cielo» del cual habla Jesús en el sermón del monte.

Mt 5–7

Mt 11:18–19 Cuando Juan el Bautista no comió, la gente lo despreció, y cuando Jesús comió y bebió, también lo despreciaron. Mirar a nuestros hermanos y hermanas como si fuera a través de un microscopio, para encontrar algo que criticar, puede ocasionar la destrucción completa de una comunidad. No esperemos de los demás lo que no esperamos de nosotros mismos.

De una carta: Querida hermana, aléjate de tu obstinación y tu necesidad de tener razón. Cuán diferentes serían las cosas si tuvieras un oído humilde y atento para escuchar. Cuando hablemos, abrámonos al

corazón del otro. Compartamos el uno con el otro y
escuchémonos mutuamente. En el fondo, tenemos
que ver que todos somos piedras de tropiezo. Solo
Dios es bueno.

1Co 2:1–5

De una carta: Tu manera de juzgar a las personas
como grandes o insignificantes, fuertes o débiles, es
completamente anticristiana. ¿Piensas que los apóstoles
eran fuertes? Ellos fueron pobres en espíritu. Pedro fue
sin duda un cobarde cuando negó a Jesús tres veces, y
su historia ha sido contada a través de todos los siglos.
No se avergonzó de que su traición quedara registrada
en cada uno de los Evangelios, aun cuando se arrepintió de ella toda su vida. Quieres ser grande, quieres
ser fuerte; pero al actuar así cometes una injusticia
contra tus hermanos y hermanas.

Cuando Jesús se acerca a las personas, ve lo que
hay en sus corazones. Tiene compasión del pecador.
Pero nunca se refiere al pecado como algo bueno; él lo
juzga. Debes limpiar tu corazón de todos los pensamientos críticos, de todos los celos y todo el odio, y
debes dejar de clasificar a las personas. Pienso en ti con
gran amor.

De una carta: No temas que nunca podrás ser liberado del orgullo y la envidia. Puedes ser libre. Pero
primero debes ver que Jesús es muchísimo más grande
que todos tus pecados, entonces podrá quitarlos.

Mt 5:3-12 RVR60 Pregúntate a ti mismo: «¿Qué hay todavía en mí que le impide a Jesús llenarme plenamente?». Para que Jesús llene tu corazón, primero debe estar vacío. Lee las bienaventuranzas: empiezan con «Bienaventurados los pobres en espíritu». Significa volverse completamente vacío e impotente ante Jesús.

De una carta: Cuando llegues a reconocer más a fondo que tu orgullo te separa de Dios, experimentarás una paz más profunda. El orgullo que tienes por tu riqueza de conocimientos es tu mayor enemigo. ¡Si tan solo reconocieras lo pobre y miserable que eres en realidad, querido hermano, y lo desdichado que estás en tu pecado! Te deseo un verdadero arrepentimiento.

De una carta: No puedo decirlo con mayor fuerza: tu orgullo espiritual —escuchar la Palabra de Dios para ser exaltado, en lugar de ser juzgado y recibir vida nueva— se opone por completo al camino de Jesús. Renuncia a tu vanidad religiosa, pues conduce a la muerte.

De una carta: Creo que tu esclavitud al pecado tiene sus raíces en una terrible arrogancia y orgullo. Cuando ves pequeños errores en los demás, te sientes espiritual-mente excelente. Debería ser al revés. Como cristianos, debemos ser humildes y recordar que a quien se le

Lc 7:47 perdona mucho, ama mucho. El orgullo es una raíz venenosa que atrae el amor a sí mismo y nos aparta de Jesús y de nuestros hermanos. Si somos humildes, la raíz morirá, porque no encontrará alimento ni agua en nuestros corazones.

En la época de Pablo, algunos creyentes proclamaban Fil 1:15 a Cristo por celos y un espíritu pendenciero, no con buena voluntad. Fue terrible, y sucedió porque querían el honor humano. Seamos humildes y reconozcamos que todo el honor humano le quita el honor a Dios, a quien le pertenece solamente. No honremos a nadie más que a Dios, y nunca aceptemos el honor para nosotros mismos.

Lo que importa es que Dios obre en nosotros, inspirando tanto nuestra voluntad como nuestra acción. Para que lo haga, debemos entregarnos a él y renunciar a toda gloria y honor personal.

El yo   Aquellos cuyos pensamientos giran solo alrededor de sí mismos, olvidan que el cristianismo tiene un contenido objetivo. El cristianismo es una causa por la que una persona debe olvidarse por completo de sí misma y su pequeño ego.

Cuando nos ponemos a nosotros mismos en el centro, hacemos que Dios sea muy pequeño. Es importante reconocer que él existe incluso sin nosotros. Su causa es mucho más grande que nuestra existencia.

Resulta maravilloso que Dios nos use para su causa, pero existiría incluso si no estuviéramos aquí.

La mejor manera de no experimentar nada es seguir viendo dentro de ti mismo. Pero mientras más puedas mirar hacia afuera y olvidarte de ti mismo, Dios podrá cambiarte más. Hay algunas personas (y siento mucha compasión por ellas) que tienden a verse a sí mismas de manera constante, como en un espejo, por ello a menudo están innecesariamente tensas y no pueden escuchar lo que Dios les está diciendo.

No podemos redimirnos o mejorarnos con nuestras propias fuerzas. Todo lo que podemos hacer es entregarnos completamente a Dios. Cuando nos entregamos a él sin reservas, él nos ayuda. Esa es nuestra fe, nuestra creencia y nuestra experiencia. Redimirse a sí mismo es imposible, y aquí debemos reconocer las limitaciones de la psicología y la psiquiatría. No las rechazamos del todo, pero son limitadas. Dios es mucho más grande.

Ro 5:6–8

De una carta: Si te miras a ti mismo con honestidad verás orgullo, impureza, egoísmo y toda clase de mal. No te mires a ti mismo; mira a Cristo, en él encontrarás un carácter perfecto.

De una carta: Aléjate de ti mismo, del temor a tu pecado, y del temor de quizá haber pecado. Ábrete a Dios y a su iglesia. Él no es tan inclemente como para que necesites vivir en constante temor.

Tiendes a analizarte y a juzgarte de una manera que no te libera. Hay un sentido en el que juzgarte puede hacerte libre: Pablo dice que el que se juzga a sí mismo no será juzgado. Pero existe cierto juicio de sí mismo que resulta en una terrible depresión y nos aleja de Dios. La diferencia está en si tienes o no una fe genuina en Jesucristo, que quiere liberarnos de todo pecado. Júzgate a ti mismo con esta fe y tendrás una bendición. La manera en que estás juzgándote ahora podría enfermarte mentalmente e incluso llevarte al desastre total.

1Co 11:31

Puede ser que tengas una fuerte inclinación por este o aquel pecado, pero cada persona tiene esta tendencia hasta cierto punto, y cada persona tiene que morir a ella. Todo depende de creer que Cristo murió por tus pecados. Lee Hebreos 5:7–9 con un corazón sencillo:

Heb 5:7–9

> En los días de su vida mortal, Jesús ofreció oraciones y súplicas con fuerte clamor y lágrimas al que podía salvarlo de la muerte, y fue escuchado por su reverente sumisión. Aunque era Hijo, mediante el sufrimiento aprendió a obedecer; y consumada su perfección, llegó a ser autor de salvación eterna para todos los que le obedecen.

Si realmente lo crees, puedes encontrar la sanación.

De una carta: Si pensamos en lo mucho que Jesús hace por nosotros cada día, debería mantenernos buscándolo con fidelidad una y otra vez. Sientes que no tienes nada que ofrecerle a cambio a Jesús. Pero aunque tengas que reconocer tu egoísmo y tu falta de amor, no creo que tu depresión esté bien. Los primeros cristianos decían que hay una tristeza que conduce a Dios y una tristeza que conduce al diablo. Si meditas a fondo en estas palabras, te apartarás de toda depresión que estorba el amor.

De una carta: Por favor renuncia a tu deseo de ser amado. Es lo opuesto al cristianismo. La oración de san Francisco dice: «Concede que yo no busque tanto ser amado como amar». Mientras busques ser amado, nunca encontrarás la paz. Siempre encontrarás razones para la envidia, pero su verdadera raíz es el amor propio. Tu ruina es tu deseo de ser amado. Tú *puedes* cambiar, no hay razón para desesperarse. Pero debes aprender a amar a tu prójimo como a ti mismo.

Pureza

Mt 5:8

De una carta: Jesús dice: «Dichosos los de corazón limpio». Esta es la única respuesta a tu pregunta sobre las relaciones entre hombres y mujeres jóvenes. La lucha contra el tentador se da en todas partes. Jesús

Mt 5:27–28

dice que debemos arrancarnos un ojo antes que mirar con lujuria a una mujer. Solo esta actitud puede darnos un corazón puro. No podemos purificar nuestro corazón con nuestros propios esfuerzos, pero podemos tomar esta actitud, y luego Dios nos ayudará a vencer.

La pureza del corazón viene como un don de Dios y

1Co 6:9–11

la iglesia debe luchar para protegerla. Nos oponemos a la lujuria tanto como nos oponemos a la propiedad privada y al espíritu de asesinato. La pureza es la voluntad de Dios, y cada boda en la iglesia debe ser su testimonio, como también la vida de cada miembro. La pureza es una bendición, ya sea que se dé en un matrimonio o en una persona soltera, una gran gracia radica en una vida pura.

No debemos subestimar los ejércitos de espíritus impuros que impulsan a las personas hacia el mal. Cuando jugamos con la impureza, nos ponemos bajo el dominio de los demonios, y nuestra sexualidad —que tiene el propósito de ser una experiencia maravillosa de Dios— se convierte en una experiencia terrible

que destruye la vida. Esto es cierto no solo con la pros-
titución, sino también cuando una persona se satisface
a sí misma cometiendo actos impuros en su propio
cuerpo. Un hombre no debe pensar que puede satis-
facerse con la masturbación sin sufrir ningún daño; al
hacerlo perjudica a Dios y a sí mismo, al permitir que
espíritus malignos moren dentro de él —demonios
cuya crueldad de carácter desconoce— y de él saldrá
una atmósfera de maldad.

La flagrante impureza que se muestra en televisión,
revistas y películas es un crimen cometido pública-
mente, y debemos protestar contra eso. Arruina las
almas de niños y jóvenes. Todo se ha vuelto permisible
—uno piensa, por ejemplo, en cómo se han legalizado
los actos homosexuales— y ha causado un terrible
daño a la pureza de los jóvenes. Algo ha muerto en la
conciencia humana.

Al final, la lujuria lleva al asesinato; basta pensar en
el incontable número de abortos que han tenido lugar
desde que se legalizó. Y pensemos en la agonía mental
que sufren jovencitas y mujeres que son culpables
de matar al bebé en su vientre. El número de crisis
nerviosas y trastornos mentales resultantes es incalcu-
lable. Jesús es la única respuesta a todo esto, y debemos
testificar en forma unida de su camino en un mundo
que se ha vuelto muy tenebroso.

Cuando una persona satisface sus impulsos sexuales en su propio cuerpo, daña su alma, que está hecha a imagen de Dios. La profanación es usar algo cuya finalidad es sublime de una manera contraria a su propósito. De la misma manera que la realeza sería degradada al ser esclavizada, la persona degrada su noble destino como imagen de Dios cuando abusa sexualmente de su propio cuerpo.

De una carta: Querido hermano, no es necesario que toda tu vida seas oprimido en una lucha por la pureza personal. Pero debes abandonar toda atracción secreta por la impureza. De ahí proviene tu opresión interior. Jesús puede liberarte por completo de eso. Si sabes que dependes totalmente de él, entonces hay esperanza para ti.

De una carta: Querida hermana, me parece que hay una atmósfera de erotismo a tu alrededor, y quiero advertirte sobre esto. No es ninguna sorpresa el hecho de que los poderes del erotismo y el sexo son problemas que cada persona debe enfrentar, y tú no eres distinta a los demás. Pero te suplico que valores el don de la pureza, la luz de la castidad absoluta y la virginidad. No permitas que la sombra más pequeña de una relación demasiado casual con hombres jóvenes o adultos entre en tu vida, ni siquiera en la manera de vestirte o de caminar. Por favor, recibe el consejo de alguien que te ama.

De una carta: Querido hermano, dices que no has resistido al mal, especialmente en el área del sexo. Es muy importante que tomes una postura por causa de Jesús. Sé que a menudo es difícil hacerlo, sobre todo en la universidad. Pero a medida que los tiempos se vuelven cada vez más corruptos, será necesario tener un carácter firme, y decir «No» a las cosas que todo el mundo aprueba. Te deseo el valor para hacerlo.

De una carta: Debes buscar un corazón puro. Así dejarás de pecar cuando seas tentado por imágenes impuras, tu imaginación o cualquier otra cosa.

Reconoces que debes romper con estas cosas, pero también admites que estabas dando lugar a ellas. Eso es pecaminoso. La apatía y la indiferencia solo debilitarán tu actitud en contra de la tentación. Al final todo se reduce a si tu vida está o no cimentada en Jesús. Solo en él encontrarás un corazón puro.

Confianza

¿Por qué es tan difícil creer en Cristo y confiar plenamente en él? Cristo quiere darnos su vida y espíritu; si lo consideramos por un momento nuestro corazón nos dice: Aquí hay uno en el que podemos confiar. Pero todos experimentamos sentimientos de temor y ansiedad. Algo en nosotros busca a Cristo, y al mismo tiempo queremos valernos por nosotros mismos y no estamos dispuestos a rendirnos a él por completo. Pero eso es lo que debemos hacer, pues el evangelio

Jn 14:1

dice: crean y confíen. No es suficiente darle a Cristo lo bueno que hay en nosotros, ni darle nuestros pecados o traer ante él nuestras cargas. Quiere nuestros seres completos. Si no nos rendimos plenamente a él —si nos aferramos a nuestras reservas— nunca encontraremos la plenitud de la paz y libertad interior prometidas en el evangelio. Debemos entregarle a Cristo nuestro ser más íntimo.

Con frecuencia el poder de las tinieblas infunde miedo en nuestros corazones y nos impide la consagración total a Dios. Cuando Jesús dijo en la sinagoga:

Jn 6:53

«si no comen la carne del Hijo del hombre ni beben su sangre, no tienen realmente vida», hasta sus seguidores encontraron estas palabras difíciles de aceptar, y muchos lo abandonaron. Pero cuando Jesús les

Jn 6:67–69

preguntó a los doce: «¿También ustedes quieren marcharse?» «Señor —contestó Simón Pedro—, ¿a quién iremos? Tú tienes palabras de vida eterna. Y

nosotros hemos creído, y sabemos que tú eres el Santo
de Dios». Esa fe también debe vivir en nosotros:
en nuestros corazones, en nuestras almas y en todo
nuestro ser. Debe hacerse realidad en nosotros una y
otra vez; no un sistema religioso, ni una teoría, sino el
conocimiento de que podemos confiar por completo
en Jesús y darle todo —nuestra vida entera— por toda
la eternidad. No es necesario que lo entendamos todo
con el intelecto. Mucho más importante es que experimentemos la confianza y la fe en nuestros corazones y
en nuestro ser.

Jn 14:27   Separados de Jesús no encontraremos paz. Donde
está él, está Dios. Él está hasta para aquellos que lo
abandonan, como en su época lo hizo mucha gente
que consideró sus palabras demasiado difíciles de
aceptar. Por lo tanto, oramos por nosotros y por ellos:
«Señor, ayúdanos. Ven a este mundo. Te necesitamos,
tu carne, tu espíritu, tu vida y tu muerte, y tu mensaje
para toda la creación».

Mt 10:26–31   No debemos temer ni a nuestros enemigos, ni a
la calumnia y persecución que puedan venir sobre
nosotros. Debemos confiar en Jesús. Él también fue
calumniado y perseguido. No queremos nada mejor. Si
nos volvemos a Jesús en total confianza y amor, siento
la absoluta certeza de que vamos a permanecer bajo la
amorosa protección de Dios.

Debemos creer y confiar en que Jesús es la respuesta a todas nuestras confusiones, problemas y preocupaciones. No siempre he confiado lo suficiente en Jesús, pero reconozco mi falta de confianza como pecado. La vida no está exenta de confusiones y preocupaciones. Sin embargo, sabemos adonde acudir. Es muy sencillo: si no entiendes algo, confía en Jesús. No siempre es fácil, a veces cuesta una lucha interna hacerlo de todo corazón. Pero Jesús dice: «Confíen en Dios, y confíen también en mí». Esa es la única respuesta.

Jn 14:1

De una carta: Te recomiendo no cavilar demasiado sobre las cuestiones difíciles de la fe, como por qué Dios podría utilizar a una persona que ama como instrumento de su ira. No sabemos lo suficiente sobre el amor de Dios. La única respuesta a estas preguntas es la confianza plena e incondicional.

De una carta: Incluso cuando experimentamos una necesidad espiritual, debemos olvidarnos de nosotros mismos y darnos en servicio cotidiano a los que nos rodean. Entonces Dios nos ayudará. No es necesariamente bueno que sigamos hablando de nuestros problemas o que compartamos nuestras dificultades una y otra vez. Dios sabe lo que necesitamos antes de pedírselo. Confía en él como un niño, entonces te ayudará.

Lc 22:42

Si nos sentimos tentados a perder la confianza en los
demás, debido a las luchas por las que hemos pasado,
o por cualquier otra razón, debemos encontrar la
tranquilidad interior. Debemos tener una actitud de
consagración confiada en Jesús que dice: «no se cumpla
mi voluntad, sino la tuya», y que nos hace absoluta e
internamente tranquilos. Sin esta confianza que nos
fortalece, yo no podría aguantar ni un solo día. Iglesias
y grupos comunitarios como el nuestro morirán,
todos moriremos. Al final de cuentas, solo Jesús será
victorioso.

De una carta: Sé que algunas veces las madres de
niños pequeños tienen miedo de las cosas terribles
que puedan sucederles a sus hijos en el mundo de hoy.
Puedo ponerme muy bien en su lugar. Mis primeros
hijos nacieron durante el bombardeo en Inglaterra, en
la segunda guerra mundial, cuando los bombarderos
pasaban sobre nosotros todas las noches. Dos bombas
cayeron cerca de nosotros: una en nuestro terreno y la
otra en la aldea vecina. Pero más grande que nuestro
miedo a las bombas, era nuestro miedo a que Hitler
conquistara Inglaterra. Para nosotros los adultos eso
hubiera significado la muerte, y me produjo una indescriptible urgencia interior cuando pensé en lo que les
pasaría a nuestros hijos.

Ahora no vivimos con temor de los bombarderos,
pero nuestra época es de mucho sufrimiento y muerte.
Es muy posible que muchos de nosotros —incluyendo

padres de niños pequeños— algún día tengamos que
sufrir y morir por nuestra fe. Te suplico —desde lo más
profundo de mi corazón— que confíes por completo
en Dios. Hay muchos pasajes aterradores en la Biblia,

Ap 21:4

sobre todo en el Apocalipsis de Juan. Pero aun allí dice
que el mismo Dios enjugará las lágrimas de todos los
que han sufrido. Debemos creer realmente que Jesús
no vino para traer juicio, sino para traer salvación:

Jn 3:16–17

> Porque tanto amó Dios al mundo, que dio a su
> Hijo unigénito, para que todo el que cree en él no
> se pierda, sino que tenga vida eterna. Dios no envió
> a su Hijo al mundo para condenar al mundo, sino
> para salvarlo por medio de él.

Aquí vemos el anhelo indescriptible de Dios por
salvar a la humanidad. Al final seremos uno con Dios.
Debemos creerlo, también por nuestros hijos, aunque
tengamos que sufrir por causa de Jesús.

Como los rayos del sol sobre un valle, el gran amor de
Dios se extiende por toda la tierra. Es cierto que hay
cosas terribles en el mundo, como las guerras; y las
guerras vendrán, pero Dios es mucho más grande. Él
es mucho más grande que el ser humano, y su amor
es mucho más grande que el amor humano. No vivas
con miedo. Mira en todo el valle y hacia las montañas,
y piensa en el gran Dios que creó todas las cosas y te
tiene en su mano.

Si vivimos conforme a Jesús y sus enseñanzas, no hay razón para tener miedo. Seamos fieles a él y a Dios y dejemos atrás todo temor.

Aprende a confiar siempre en Jesús, aun cuando no puedas entender algo. A menudo surgirán situaciones en la vida sin que entiendas la razón. La única respuesta es confiar en Jesús.

Experimentarás tiempos muy difíciles, pero nunca olvides que la victoria final es de Dios. Cree siempre en esto. El cielo y la tierra pasarán, pero vendrán un nuevo cielo y una nueva tierra.

Ap 21:1

Reverencia

Debemos temer a Dios, y debemos temer ofender o dañar cualquier cosa creada, pero no debemos tener miedo a Dios. La Biblia habla del temor de Dios, pero hay un temor diferente que aleja de Dios y hace que se enfríe el amor. Ay de nosotros si confundimos el temor bueno con el malo. Nuestro temor debe nacer del amor y la reverencia.

Lc 5:8 LBLA Cuando Pedro reconoció a Jesús como el Hijo de Dios, dijo: «Apártate de mí, Señor, pues soy hombre pecador». Tenía temor de ser confrontado con la pureza de Jesús. Ese temor está bien. Pero el miedo que quita la confianza y la seguridad, o que destruye nuestra inocencia innata, está mal. Debemos temer a Dios en el buen sentido.

1Jn 4:18 *De una carta:* Juan escribe que el que tiene miedo no es perfecto en amor. Esto me ha dado mucho que pensar, porque varias de las parábolas de Jesús, Mt 25:1–13 como la de las diez vírgenes, pueden hacer que uno se atemorice. El libro del Apocalipsis también puede ser Mt 10:28 amedrentador. Y Jesús dice que aunque no debemos temer a los hombres que puedan matar el cuerpo, debemos temer a aquel que puede destruir tanto el alma como el cuerpo en el infierno. Así que hay un temor de Dios que es adecuado y bueno. En última instancia, si estamos en Dios, no temeremos a nada sino a él. Ese es el estado perfecto de un cristiano.

Éx 20:7

Siempre hemos sido reservados al usar el nombre de Dios, no solo porque nuestro sentido interior nos hace cautelosos, sino porque los diez mandamientos dicen: «No pronuncies el nombre del Señor tu Dios a la ligera». Es importante que los padres enseñen a sus hijos a respetar a Dios, para que ni siquiera se les ocurra usar indebidamente su nombre.

Dt 4:5–9

La gente está muy terriblemente inclinada a olvidarse de Dios y de sus obras de amor. Eso es lo peor que le puede pasar a la humanidad. Cuando ya nadie se interese por Dios —cuando nadie quiera saber más de él o testificar sobre él—, será mucho peor que ser hostil hacia él, porque la hostilidad por lo menos muestra un interés.

Lc 2:25–39

Debe animarnos la historia de Simeón y Ana, que esperaban al Mesías en nombre de todo el pueblo de Israel. No importa si solo hay dos, pues entonces el mundo no ha olvidado del todo a Dios. Debemos estar deseosos de testificar de él, de amarlo y esperar su venida.

Rendición

A pesar de las circunstancias de nuestra época, debemos estar libres y dispuestos para vivir conforme a la voluntad de Dios para el futuro, para la hermandad de la comunidad y el reino de Dios. Debemos estar listos y dispuestos a dejar de resistirnos a Dios; entonces obrará en nosotros por medio de su Espíritu Santo.

Dios siempre está listo, siempre está ahí. Somos nosotros los que no estamos preparados para su causa. Si tan solo nos rindiéramos a la autoridad de Dios, al camino de Jesús y al poder del Espíritu, entonces podría encenderse la llama que ilumina al mundo entero.

Mt 19:21
Mt 8:22
Mt 4:19–20
Conocemos los mandamientos de Jesús: Deja todo lo que tengas y ven y sígueme. Vende todas tus posesiones. No esperes a enterrar a tu padre. Deja tu barco de pesca y tus redes y ven conmigo.

Mt 19:23–26
Los discípulos también conocían los mandamientos de Jesús. También sabían que cada persona —cada uno a su manera— es lo bastante «rico» como para resistir aferrándose a lo poco que tiene; para decirle
Lc 14:20
a Jesús: «No puedo ir». Por eso preguntaron descon-
Mt 19:25
certados: «En ese caso, ¿quién podrá salvarse? —Para los hombres es imposible —aclaró Jesús, mirándolos fijamente—, mas para Dios todo es posible».

Si nos abrimos a la obra de Dios y renunciamos a nuestra propia voluntad, él siempre está dispuesto para darnos fe y amor.

Mt 7:7–11 Dios quiere que le pidamos ayuda. No es que él no
pueda o no quiera actuar sin que se lo pidamos, sino
que espera que abramos nuestros corazones y nuestras
vidas para que él y solo él pueda actuar.

Mucha gente se pregunta por qué Dios es así, por
qué no impone su voluntad sobre las personas. Pero
así es como es Dios. Espera que estemos listos. Es
verdad que castiga a los individuos y a las naciones
para llamarlos al arrepentimiento, pero nunca les
impone su bondad. Si un padre tomara a su hijo del
cuello y le impusiera sus buenas intenciones, el hijo
sentiría instintivamente que eso no era amor. Por la
misma razón, Dios no impone su voluntad a nadie.
Así que nos enfrentamos a una pregunta trascendental:
¿Estamos dispuestos a rendirnos voluntariamente
a Dios? ¿Estamos dispuestos a abrir las ventanas de
nuestros corazones para que Dios en su bondad pueda
entrar y tomar el control?

Tenemos que entregarnos de todo corazón a Dios, y
si fallamos debemos entregarnos nuevamente. Todos
necesitamos el perdón diario de nuestros pecados y
nuestras fallas. Pero lo que importa es si queremos ser
fieles: fieles hasta el final de nuestras vidas. Esto significa rendir todo —nuestra propia voluntad, nuestras
esperanzas de felicidad personal, nuestra propiedad
privada, incluso nuestras debilidades— y creer en Dios
y en Cristo. Eso es todo lo que se le pide a cualquiera.

Jesús no espera perfección, pero quiere que nos entreguemos de todo corazón.

De una carta: ¿Qué es la rendición verdadera e incondicional? Una persona puede rendirse ante otra persona más fuerte o un ejército ante otro ejército más fuerte. Uno puede rendirse ante Dios porque él es todopoderoso o porque teme a su juicio. Nada de esto es rendición total. Solo si uno experimenta que Dios es bueno —y que él es el único bueno— es posible rendirse ante él incondicionalmente con todo el corazón, alma y ser.

Cuando una persona se ha rendido a Dios con alma y corazón, entonces buscará a otros en quienes se manifiesten en forma clara el mismo amor, y también se rendirá a ellos. Pero solamente puede comprometerse con los demás si su primer compromiso es con Dios.

De una carta: Si alguna vez encontramos un grupo —incluso si fuera un grupo mucho más pequeño que el nuestro—, donde el amor de Jesús se expresara con mayor plenitud y claridad que entre nosotros, espero y creo que quisiéramos unirnos a ellos, aun cuando eso significara perder nuestra identidad o cultura particular.

2Co 12:1–11

De una carta: Dios debe llevarnos al punto en que reconozcamos cuán desdichados y débiles somos; sí, cuán pobres en espíritu y cuán completamente incapaces. Al que se sienta incluso un poquito fuerte, debe de haber revelado su debilidad ante él. Cuando Dios nos muestra lo desdichados y pobres que en realidad somos, nos sentimos del todo impotentes ante él. Pero nos ayuda con su gracia, y nos fortalece con su infinito amor. Somos absolutamente dependientes de Dios, de Cristo y del Espíritu Santo. No hay otra ayuda.

Lc 22:42

Rendirse a la voluntad de Jesús significa hacerse uno con él y con los demás. Jesús luchó tanto para rendir su voluntad ante el Padre que sudó gotas de sangre. Los poderes malignos lo rodearon y trataron de provocar su caída, pero permaneció fiel: su actitud fue «no se cumpla mi voluntad, sino la tuya». Esta debe ser también nuestra actitud en todas las situaciones, incluso si somos perseguidos por nuestra fe. Pase lo que pase, encarcelamiento o incluso la muerte, debemos decir: «no se haga mi voluntad, sino la tuya».

Sumisión

Jn 15:16

Cristo dice: «No me eligieron ustedes a mí, sino que yo los elegí a ustedes, y les he encargado y puesto en su lugar; irán y darán mucho fruto, un fruto que perdure». Esto es muy importante: «Les he puesto en

su lugar».* Con mucha frecuencia una persona causa
un daño terrible cuando no está satisfecha con su lugar
en la vida. Tal insatisfacción conduce al odio. Debemos
amarnos unos a otros y aceptar el lugar que Dios nos
ha dado a cada uno.

Mt 21:1–7   Cuando Jesús envió a los dos discípulos a buscar un
burrito el Domingo de Ramos, no tenían ninguna
otra tarea más importante en todo el mundo que
ir a buscarlo. Si alguien les hubiera dicho: «Ustedes
están destinados para cosas más grandes; cualquiera
puede buscar un burro», y ellos no lo hubieran hecho,
habrían sido desobedientes. Pero no había nada más
importante para ellos en ese momento que buscar
ese asno para Cristo. Para mí y para cada persona,
deseo que podamos realizar todas las tareas, grandes
o pequeñas, con esta obediencia. No hay nada más
grande que la obediencia a Cristo.

Humildad   Jesús nos llama a cada uno a ser humildes. Si una
persona busca la grandeza humana, la comunidad
cristiana no es el lugar para esa persona. Cualquiera
de nosotros puede ser tentado por la ambición, pero
debemos tomar una actitud contra tal tentación.

---

* Esta frase *en su lugar*, aunque no aparece en la mayoría de las
traducciones españolas de la Biblia, se incluye en algunas versiones
alemanas. Véase Albrecht: *Das Neue Testament*, Giessen, 1972, 10a. ed.

2Co 12:7–9

De una carta: Es bueno ser débil. Nuestra debilidad humana no es obstáculo para el reino de Dios, siempre y cuando no la usemos como excusa para nuestros pecados. Lee 2 Corintios 12:7–9, donde Pablo escribe que el Señor mismo se manifestará de la manera más gloriosa por medio de nuestra debilidad. Desde luego, este no es el pasaje más importante para la iglesia entera, pero es quizá el pasaje más importante en la Biblia en lo que respecta al discipulado personal.

Mr 10:45

De una carta: Al leer el Evangelio de Marcos, me ha impactado cómo Jesús enfatiza nuestra necesidad de humildad. No vino para ser servido, «sino para servir y para dar su vida en rescate por muchos». Este debe ser también nuestro camino, aunque sabemos que nos quedamos muy cortos para cumplirlo.

Mt 5:3–12

Las bienaventuranzas no convocan a grandes santos que resplandezcan en el mundo, sino a personas humildes.

De una carta: Si sabes que a veces criticas y te falta humildad, entonces busca la humildad. La humildad es una virtud que uno puede elegir. Suaviza el corazón y hace que una persona se abra ante Dios. La crítica no es necesariamente mala; puede ser positiva. Pero también puede ser muy destructiva.

No debemos pensar mucho sobre nuestro pequeño
corazón o nuestro carácter débil. Nadie es puro y
bueno excepto Jesús. El único con un carácter realmente saludable es él; y, en su infinita misericordia,
puede purificar nuestro corazón para su propósito.
Entreguémonos a él, para que pueda guiarnos y
usarnos como quiera. Demos la espalda a la tentación

Gn 4:5

de Caín, que envidiaba la cercanía de su hermano con
Dios. Gocémonos por pertenecer simplemente a Jesús,
y dejemos que nos ponga donde podamos dar el mayor
fruto para la gloria de Dios.

De una carta: Si aceptamos la debilidad y la pequeñez
de nuestras vidas, de manera que nos lleve a la
humildad ante Dios, reconoceremos que nuestra única
ayuda radica en rendirnos totalmente a él y depender
de él. Puede que sea un reconocimiento muy doloroso,
¡pero la victoria será vida!

Fil 2:3 RVR95

Pablo dice: «Nada hagáis por rivalidad o por vanidad».
No solamente se refiere a la vanidad de querer verse
hermoso como individuo —que tampoco es muy
cristiano— sino a la vanidad religiosa de gente que
quiere lucirse entre los demás y ser honrada por ellos.
No debe haber lugar para tal vanidad entre nosotros.
Y añade: «Más bien, con humildad consideren a los
demás como superiores a ustedes mismos». Eso es

Fil 2:8

lo opuesto a querer destacar más que un hermano o
hermana. Si queremos seguir a Jesús, ¿cómo podemos
querer ser grandes o importantes? Jesús «se humilló a sí
mismo y se hizo obediente hasta la muerte, ¡y muerte
de cruz!».

Sinceridad

¡Qué importante es que nuestra vida sea genuina y permanezca auténtica, y que no hagamos más — pero tampoco menos— de lo que Dios nos pide en cualquier momento! Existe el peligro de llegar a un reconocimiento intelectual de la verdad, y luego vivir una vida que se ajuste a ella, cuando la verdad todavía no ha sido realmente dada por Dios en nuestras almas y corazones.

Mt 7:21 Nunca usemos palabras religiosas cuando no lo hagamos en serio. Si hablamos con admiración sobre el discipulado, pero a la vez nos resistimos a sus demandas, dañará nuestra alma y nuestra vida interior. Seamos reservados con los términos religiosos y las expresiones de fe. Usarlos sin sentido y propósito nos destruirá, y nuestra hipocresía será especialmente desastrosa para nuestros hijos.

Mt 6:5 Jesús nos advierte con claridad que no tratemos de aparentar ser devotos a los ojos de los demás. Seamos sinceros y digamos lo que realmente pensamos, aunque sea desatinado, en lugar de usar las palabras correctas sin querer decir nada.

De una carta: De acuerdo con la antigua tradición judía, el sumo sacerdote solo usa el nombre de Jehová una vez al año —en el día de la expiación— y de manera exclusiva en el lugar santísimo del templo. Para nosotros, tal reverencia en el uso de palabras religiosas es una forma importante de castidad interior. Somos muy cautelosos al usar el nombre de Dios.

De una carta: Es importante ser directo y honesto sobre tus verdaderos sentimientos. Es preferible ser muy rudo que muy suave, muy franco que demasiado amable. Es mejor decir una palabra poco amable que sea verdadera, a decir una que sea «agradable» pero falsa. Siempre puedes lamentar una palabra desagradable, pero la hipocresía causa un daño permanente a menos que se conceda una gracia especial.

El movimiento juvenil, en el que tuvo sus raíces nuestra comunidad, se caracterizó por una búsqueda de lo genuino, y aunque no era un movimiento «religioso», había algo de Jesús vivo en él.* La primera pregunta que la gente se hacía no era si una cosa era apropiada, buena o verdadera, sino si era genuina. Preferían que alguien dijera inocentemente algo incorrecto o incómodo, a tener que escuchar discursos

---

* El movimiento juvenil de Alemania, o *Jugendbewegung,* un fenómeno generalizado de asociaciones juveniles libremente organizadas, fue activo principalmente entre 1913 y 1933 y rechazó las convenciones establecidas de la sociedad en favor de la sencillez, libertad, autenticidad y amor a la naturaleza. Eberhard Arnold, quien fundó el Bruderhof en 1920, fue un escritor conocido a nivel nacional, conferencista y líder de este movimiento.

religiosos hipócritas. Rechazaban la verborrea religiosa; luchaban por encontrar la verdad.

De lo profundo del corazón de la gente surgió un nuevo enfoque de la vida, un nuevo sentimiento por la vida que se expresaba de muchas maneras. Este impulso interior motivó el compañerismo en caminatas, cantos y bailes populares, incluso en asentamientos comunitarios. Reunirse alrededor de una fogata se convirtió en una experiencia interna profundamente sentida, y el movimiento rítmico de una danza en círculo manifestó algo de lo profundo del corazón. Hubo un esfuerzo por darle forma solo a lo que era realmente genuino, y significaba rechazar toda pretensión humana, incluida la moda. La experiencia interior fue de suma importancia, y encontró una vívida expresión en cada área de la vida.

De una carta: El pecador declarado no es el que se interpone en el camino de Dios. Los enemigos más grandes de Dios son aquellos que reciben y aceptan el llamado de Cristo al discipulado, pero al mismo tiempo —a pesar de su uso del lenguaje religioso— siguen sirviendo a Satanás.

La mayoría de las parábolas de Jesús se refieren a esas personas, no a la gente del mundo. Las diez vírgenes en Mateo 25 todas salen a buscar al novio, pero cinco de ellas se duermen; y en Mateo 24:48–49 el siervo fue encargado por su señor, pero se vuelve infiel, y así sucesivamente. Eso es lo que más

Mt 25:1–13

Mt 24:48–49

obstaculiza al reino de Dios: cuando los que han escuchado y respondido a su llamado siguen sirviendo a Satanás, aunque continúen usando palabras cristianas.

Mt 23:26–28

Si nos mantenemos cerca de Jesús, encontraremos la autenticidad en su forma más clara. ¡Con cuánta firmeza habla contra la piedad que intenta limpiarse por fuera! ¡Nos dice con mucha claridad que primero hay que limpiar el interior!

La iglesia

La iglesia

Ef 1:22-23

Sabemos que la humanidad está atormentada y dividida. Parte de este tormento es la soledad, que solo se puede superar al experimentar la iglesia viva. Esta iglesia no puede identificarse con una organización o grupo específico, pero sí existe; vive y llega a la gente humilde que está buscando. El hecho de que la iglesia exista es la realidad más importante sobre la tierra. Cuando Dios habla en la cámara más íntima de nuestros corazones, se superan nuestra soledad y nuestra separación pecaminosa; experimentamos la comunidad interior con nuestros hermanos y hermanas.

No podemos decir que la iglesia está aquí o allá. La iglesia desciende del cielo para aquellos que son espiritualmente pobres. Llega a aquellos que renuncian a todas las cosas por causa de Cristo, incluyendo sus propias ideas y derechos. Esto puede suceder en cualquier lugar, y cuando sucede siempre congrega a las personas en unidad.

Según los primeros cristianos, la iglesia existía incluso antes de la creación. Existe en el Espíritu Santo. Cristo envía la iglesia dondequiera que dos o tres personas se reúnan en su nombre, y dondequiera que renuncian por él a todos sus derechos, poder, propiedad y a sí mismos.

Cuando nos preguntan si somos la iglesia, tenemos que decir: «No, no somos la iglesia». Pero cuando nos preguntan si la iglesia llega a nosotros, tenemos que testificar que sí, sobre todo si somos quebrantados y pobres ante Dios. Cuanto más pobre espiritualmente es un grupo, más cerca puede estar la iglesia de él. Debemos renunciar por completo a nuestras propias ideas, en especial la idea de tener una influencia o poder sobre otras personas. Debemos volvernos pobres como mendigos ante Dios.

Si hablamos de la iglesia verdadera, desde luego no nos referimos a la nuestra. Simplemente queremos decir que son todos aquellos que viven sus vidas en plena unidad con Cristo. Solo los frutos pueden mostrar dónde está.

En los escritos de los primeros cristianos, por ejemplo en el *Pastor de Hermas,* encontramos el pensamiento de que la iglesia existía antes de que cualquier cosa fuera creada: «Ya que la iglesia fue creada antes que todas las cosas, es antigua. Fue por su causa que el mundo fue formado».* Es un pensamiento profundo y notable, un completo contraste con la idea de una pequeña congregación o incluso una reunión de millones de personas que se llaman a sí mismas la iglesia.

---

* *Pastor de Hermas,* Libro I, Visión segunda, Capítulo IV.

Cuando hablamos de nuestra comunidad como una iglesia, ciertamente no queremos dar a entender que es *la* Iglesia. La iglesia es algo mucho más grande. Se remonta al principio de todas las cosas, antes de la creación del mundo. Pero deseamos que se encuentre operando hoy, también entre nosotros.

Peter Riedemann, un anabautista del siglo XVI, compara la reunión de creyentes en la iglesia con una linterna. Una linterna no sirve para nada a menos que tenga luz. Lo mismo es cierto respecto a la iglesia. Puede tener todos los bienes en común, sin propiedad privada; puede tener amor, consagración total y una comunidad verdadera. Pero eso no garantiza que esté viva. La iglesia es un don de Dios. Llega a los espiritualmente pobres y está unida y vivificada por el Espíritu Santo.

De una carta: En esta época de necesidad y desesperación mundial no hay nada más importante que una vida de fraternidad, una vida de unidad y amor. Puede ser tan pequeña y casi invisible en comparación a toda la necesidad del mundo, pero tendrá un efecto.

La gente de hoy no necesita sermones largos ni palabras religiosas; necesitan que les muestren hechos y un camino práctico de discipulado. Nuestra era necesita la demostración tangible de que Dios es más poderoso que todo odio, toda necesidad, todo pecado y toda desunión.

1P 2:12

Dios necesita un pueblo que dedique su vida por completo, sin reservas, a su causa. Debe ser un pueblo que no considere primero su propia salvación, sino que interceda en oración por las necesidades de los seres humanos, y que espere y crea en la victoria de Dios.

Una comunidad verdadera no puede existir ni un solo día sin el don del Espíritu Santo. Por lo tanto, ya sea que estemos juntos en silencio o cantando, esperamos y aguardamos este don que Dios nos ha ofrecido por medio de la muerte de Jesús.

Hch 4:32   Se dice que la iglesia primitiva era de un corazón y un alma. Puede que no haya sido un cuerpo bien organizado, pero era de un corazón y un alma. Sus miembros fueron cambiados por el Espíritu desde lo alto, y por medio de este movimiento aconteció que tenían todo en común y nadie consideró nada como propio. No se trataba de una ley rígida —ni de comunismo organizado— sino que era cuestión de corazones transformados.

De una carta: No somos nosotros los que podemos edificar la hermandad, ni tampoco los que podemos fundar una iglesia o cambiar incluso a un solo ser humano. Todos somos absolutamente dependientes de la atmósfera o espíritu de Dios que gobierna entre nosotros. Pero, al mismo tiempo, todos tenemos una influencia en esta atmósfera, por ello es responsabilidad

de cada uno de nosotros velar que ningún espíritu
contrario a Dios pueda entrar en nuestras vidas.

Si somos fieles a Jesús, también seremos fieles unos
a otros. Nos pertenecemos unos a otros. Si alguien se
entrega a Jesús, se unirá con otros creyentes y estarán
tan unidos que serán como un solo cuerpo. En el
cuerpo humano, si algo amenaza al ojo, el brazo se
moverá rápidamente para protegerlo, incluso si se
lesiona al hacerlo. Esto sucede en forma automá-
tica, como si fuera por amor. Lo mismo sucede entre
quienes se entregan a Cristo y unos a otros. Cada uno
debe estar dispuesto a sufrir por el otro, el más fuerte
por el más débil.

1Co 12:12–27

De una carta: En Jesús y su espíritu todos llegamos a
ser uno, incluso uno con la iglesia en el cielo, con los
apóstoles y mártires, y con todos aquellos que han sido
y son uno con Jesús. Pero si nuestro amor se aparta
de Jesús, el Redentor y Salvador del mundo, entonces
incluso nuestra fe en la iglesia se convierte en idolatría.

Es una paradoja: debemos separarnos de nuestra generación corrupta —y debemos hacerlo con la mayor
firmeza— pero también tenemos que unirnos con
Cristo, quien murió por cada individuo de esta misma
generación. Lo que más necesitamos como iglesia es

encontrar al Cristo crucificado, el Cordero de Dios
que murió por los pecados del mundo. Si estamos
unidos con Cristo, no seremos duros de corazón, ya
sea hacia una joven que ha tenido un aborto o hacia
cualquier persona que cometa otro mal; tendremos
corazones compasivos.

De una carta: Nuestra comunidad tiene ciertas
características que se derivan en parte de su trasfondo
europeo y otras circunstancias históricas. Lo mismo es
cierto de la Iglesia de los Hermanos, los cuáqueros y
otros movimientos religiosos. Puedo entender bien que
las personas sientan cierto amor y apego a la cultura y,
más aún, a la gente de su mismo contexto.

Pero consideremos por un momento la «comunidad
de creyentes», el cuerpo de Cristo que ha continuado
a través de todos los siglos. ¿Qué es nuestra iglesia,
entonces, con su cultura? Todo lo bueno que pueda
haber en ella existe solamente en la medida en que
se entrega a esta corriente de vida y se aferra a ella.
Nuestra comunidad pasará como muchos movimientos han pasado, pero la corriente de vida de la
que forma parte nunca podrá dejar de existir. Eso es lo
que importa.

Si hubiéramos decidido ser un grupo cristiano
de cultura alemana, sirviendo solamente a aquellas
personas con antecedentes en el movimiento juvenil,
habríamos corrido el riesgo de extinguirnos incluso

antes de empezar. Queremos rendir nuestras vidas por
completo y ser usados dondequiera que Dios cambie
los corazones de la gente, para estar abiertos a todo lo
que Dios nos da. De lo contrario corremos el peligro
de limitar la verdad.

Solo somos un círculo débil de seres humanos, con
frecuencia demasiado humanos. Pero nuestra tarea
nunca se puede limitar. Dios no tiene límites.

Mientras más envejezco, menos importante es mi
comunidad para mí. Lo principal es que la iglesia de
Dios, en constante oración, exista en esta tierra. Es por
esto que queremos darnos a nosotros mismos, y por
esto queremos vivir.

Necesitamos sentir cierta urgencia interior; no
podemos dejar pasar la vida sin entregarnos completamente a la iglesia. La iglesia estaba con Dios antes de
que el mundo fuera creado, y ahora está con Dios en el
cielo como la «iglesia celestial», la nube de testigos de
cada raza, tribu y nación. No podemos mantenernos
indecisos ante esta santa realidad.

De una carta: ¿Como iglesia, somos muy entregados,
tan llenos de verdad y de sal, que seamos capaces de
influir en toda la tierra de tal manera que incluso una
pizca de sal dé sabor a todo un plato de comida? No
basta vivir juntos en comunidad, amarnos unos a otros

y hacernos felices mutuamente; hacer mermelada para nuestra vecina, quien a su vez hace mermelada para su vecina. Se exige más.

Creo que estamos viviendo en el final de los tiempos. Es una hora crucial. Todo depende de si nuestras lámparas están preparadas, de si estamos listos para encontrarnos con el novio. Las palabras de despedida de Jesús en el Evangelio de Juan lo dejan claro: la iglesia debe estar tan unida que el mundo pueda reconocer a Dios como el Padre que envió a Jesús. Me estremece en lo profundo de mi corazón preguntar: ¿Estamos realmente mostrando esto al mundo?

Mt 25:1–13

Jn 17:21

Comunidad

Debemos renunciar a toda propiedad privada y a todo deseo de acumular cosas para nosotros. El disfrute de la riqueza para uno mismo, para la propia familia o incluso para la comunidad, conduce a la muerte espiritual. La riqueza provoca la muerte, porque aísla nuestro corazón de Dios y de nuestros semejantes. Buscamos una respuesta a esto, al compartir todo de una forma que resulte imposible caer en el pecado de la riqueza colectiva. Nuestra puerta está abierta a todos los que buscan a Dios y la verdad. Bajo la mayordomía de la iglesia, todo está disponible para cualquiera que lo necesite.

Mt 19:21 ¡El camino de Jesús significa una completa falta de posesión! Hemos escogido este camino y nuestros hijos deben saberlo desde una edad temprana. Deben saber que nuestro dinero le pertenece a Dios y no a noso- Mt 6:19–20 tros. Jesús dice que no debemos acumular tesoros en la tierra para nosotros mismos, sino buscar nuestro tesoro en el cielo.

De una carta: Preguntas: «¿Cómo podemos nosotros, como personas y familias independientes, formar parte unos de otros?». Esto tiene que darse por el espíritu de Jesús. Pero primero debemos desprendernos por completo de nuestras propias ideas, ideales y de

nuestro ser; debemos estar dispuestos totalmente para
Jesús y su espíritu.

De una carta: No hay sustituto para la experiencia real
de la comunidad cristiana, el movimiento del espíritu de Dios y la unidad de los creyentes en la iglesia.
Así que escribo esto comprendiendo que las palabras
nunca podrán expresar el espíritu del amor de Dios,
el cual se mueve entre aquellos que se entregan a él en
todas las cosas.

En respuesta a tu pregunta sobre la base bíblica de
nuestra vida, en Lucas 14:33 es donde Cristo claramente dice que solo aquellos que renuncian a todo
lo que tienen pueden ser sus discípulos. También en
Juan 16:13, el cual dice que cuando venga el Espíritu
de verdad, guiará a los hombres hacia toda la verdad.
Esto ocurrió en Pentecostés, cuando los discípulos eran
de un corazón y un alma y tenían todos sus bienes en
común. Puedes ver también 1 Corintios 12, especialmente los versículos 25–26. Nos resulta difícil tomar
este pasaje, en su pleno sentido, en el contexto de una
vida eclesial sin comunidad de bienes. Lo mismo es
cierto de 2 Corintios 8:13–15.

En Pentecostés el amor desbordaba los corazones
de aquellos que fueron cambiados por el Espíritu: los
creyentes estaban llenos de amor a Dios y unos por
otros. Creo que no negarías que cuando esto ocurrió:
«La gracia de Dios se derramaba abundantemente
sobre todos ellos». La comunidad de bienes fue el

Lc 14:33

Jn 16:13

Hch 2:44
Hch 4:32–34
1Co 12:25–26

2Co 8:13–15

Hch 4:33

resultado de este amor y esta gracia. Esta comunión de amor dista mucho del cristianismo actual, en donde, por ejemplo, hay gente que testifica agradecida en el boletín de la iglesia que Dios ha hecho que sus negocios prosperen de una manera maravillosa, desde que comenzaron a diezmar.

Sería tergiversar los hechos decir que el fundamento principal de nuestra creencia es compartir el dinero y las posesiones. Eso es un resultado de nuestra fe, no su fundamento. Es el fruto de la rendición total a Cristo y su amor. Devolvemos todo lo que Dios nos ha dado —nuestras posesiones, nuestros talentos y nuestras vidas— para ser controlados solamente por él y por su espíritu.

En respuesta a tu pregunta sobre si esto ayudará a ganar almas para Cristo, diríamos que no. El simple compartir los bienes no necesariamente conduce a Cristo. Pero, cuando es el resultado de un amor sobreabundante, eso puede conducir a él. Muchos de nuestros miembros provienen de trasfondos no cristianos. Fue vivir en hermandad y amor lo que los atrajo a nosotros. Estábamos cansados de palabras; son fáciles y pueden escucharse casi dondequiera, ¿pues quién va a decir que está en contra de la hermandad y del amor? No buscábamos palabras, sino hechos; no buscábamos piedras, sino pan. Eso es lo que Cristo ofreció: una vida nueva en la que el amor gobierna todo, con hechos y en verdad.

Preguntas cuánta oportunidad tiene un convertido para difundir el evangelio verdadero, no el «evangelio

de la comunidad». ¿Qué quieres decir con el evangelio?
¿Qué significan las «buenas nuevas» si no se refieren
a que hay un camino diferente al de la muerte y la
desesperación que rige en el mundo actual? ¿Qué son
las nuevas, si no es que los seres humanos puedan vivir
juntos como hermanos en paz, en plena confianza
y amor unos con otros, y como hijos de un mismo
Padre? El evangelio no son solo palabras, representa
hechos y verdad, todo el estilo de vida que Cristo
ha traído. Es la expresión de una experiencia viva.
Nuestro desafío no es unirse a nuestra iglesia, sino
vivir en hermandad. No deseamos añadir nada al
evangelio, pero estamos convencidos de que nada se le
puede quitar y que debemos enfrentar cada una de sus
demandas sobre nosotros.

Preguntas si, como comunidad, necesitamos
aislarnos para estar en el mundo, pero no ser de él.
Vivimos alejados solo en el sentido de separarnos de
la raíz maligna del interés personal, la codicia y la
injusticia, de todo lo que no tiene amor en el orden
mundial actual. La sociedad de hoy no es diferente en
lo fundamental de lo que fue en la época de Jesús. Los
seres humanos siguen siendo egocéntricos, orgullosos,
ansiosos de su propio beneficio, poder y posición. Los
frutos de este mal impregnan la sociedad de muchas
formas: impureza, odio, alcoholismo, pobreza, delin-
cuencia juvenil, enfermedades mentales, crímenes
violentos y, finalmente, guerra. Estos son los frutos

1Jn 2:15–17   del amor al dinero, riquezas y posesiones, los frutos de
una sociedad no cristiana, los frutos del orden mundial

actual. Este es el mundo del que Cristo nos llamó y nos sigue llamando. Nos llama a salir de él y nos une para construir la ciudad de Dios, donde solo gobierna el Espíritu, para construir la ciudad sobre un monte, la cual no se puede esconder sino que resplandece en el mundo.

Mt 7:16–18

Los Evangelios nos dicen que conoceremos un árbol —una persona o un grupo— por sus frutos, porque un árbol bueno no puede producir frutos malos y un árbol malo no puede producir frutos buenos. Los frutos de una vida basada en Cristo no son solo hablar o predicar. Son nuestras acciones las que son impor-

Jn 13:35

tantes. Cristo dijo que todos sabrían que somos sus

Mt 7:21

discípulos porque nos amamos unos a otros, no porque *hablamos* de amarnos unos a otros. Su última oración

Jn 17:21 RVR95

fue por la unidad de sus discípulos: «Que todos sean uno; como tú, Padre, en mí y yo en ti, que también ellos sean uno en nosotros, para que el mundo crea que tú me enviaste». Así que la iglesia debe ser visible en el mundo. La luz del cuerpo unido de los creyentes debe alumbrar en la oscuridad del mundo para la gloria de Dios.

Preguntas: «Si nos negamos a nosotros mismos lo suficiente para seguir el camino de Cristo, ¿no podremos vivir una vida razonable en medio de nuestros semejantes fuera de una organización de hermanos?». Debes respondértela por ti mismo. Nosotros estamos aquí porque descubrimos que una «vida razonable» no era suficiente, que Cristo demandaba más de nosotros. Él quiere a la persona completa.

No somos una «organización de hermanos», sino
solo un grupo de personas que buscan vivir más cerca
de Dios. Queremos tomar literalmente las palabras
de Cristo en el sermón del monte y ser medidos y
juzgados por ellas. Solo podemos responder plenamente al rendir nuestras vidas a su voluntad con la fe
de que él nos guiará a la verdad.

De una carta: Nuestra vida compartida en comunidad es una lucha constante: debemos luchar sin cesar
para romper con todo lo que nos separa de Dios y de
nuestros hermanos y hermanas. Esta ruptura —este
morir a nosotros mismos— puede ser una experiencia
muy dolorosa. Creemos que se demanda un cien por
ciento de nosotros; deben desaparecer *todo* el orgullo,
la voluntad propia y toda la estructura de vida y
pensamiento en la cual hemos tratado de encontrar
seguridad. Esto no sucede en un repentino estallido de
luz, sino solo gradualmente. Al vivir juntos, reconocemos que ciertas cosas producen separación: orgullo,
autocompasión y falsa piedad. Debemos alejarnos de
estos males, tan pronto como se muestran ante nosotros. Siempre nos mantendremos débiles, pero nuestra
alegría está en encontrar una fuente de fortaleza que
pueda hacernos victoriosos en cada lucha.

Sal 133   *De una carta:* Es un gran regalo vivir con hermanos y
hermanas. Cuando el amor de Dios arde en nosotros,

y nos une para perseverar en solidaridad, ninguna difi-
cultad o lucha es demasiado grande. Es un alivio saber
que la vida de discipulado nunca es algo que simplemente se aprende, ni siquiera a través de una lucha
dura y dolorosa. Más bien, es una experiencia de gracia
continuamente nueva. ¡Qué paradoja tan profunda!
El Dios de Abraham, de Isaac y de Jacob siempre es el
mismo; pero solo él nos libera de la monotonía y de la
ley. En él todo es nuevo.

Siempre debemos ser conscientes del peligro del
materialismo, del dominio del dinero o cualquier otra
cosa que sea material sobre nuestro corazón y alma.
Mt 6:24   Jesús dijo: «Nadie puede servir a dos señores... No
se puede servir a la vez a Dios y a las riquezas». En sí
mismas las cosas materiales no son el enemigo; son
parte de la vida. Pero deben usarse para las funciones
de la iglesia. En última instancia es una cuestión de
nuestra actitud. La degeneración del alma hace posible
que cualquier cosa material arruine una vida. Pero si la
relación de una persona con Jesús y la iglesia está viva,
será capaz de usar las cosas materiales sin ser dominado
por ellas.

De una carta: No nos interesa ganar a nadie con
palabras suaves. Nuestra forma de vida compartida en
comunidad es demasiado exigente. Hoy tenemos una
casa, un hogar, trabajo y comida diaria. Pero, como nos

ha mostrado la historia de los anabautistas, cuáqueros
y muchos otros movimientos radicales, no sabemos lo
que pasará mañana.

Un peligro enorme de la vida vivida en Dios, ya sea
en comunidad o no, es el dinero, la riqueza. Jesús dice:

Mt 6:21 «Donde esté tu tesoro, allí estará también tu corazón».
Hermas, el profeta de la iglesia primitiva, habla del
peligro de poseer campos, casas o cualquier otra cosa
de valor terrenal. Él clama: «Hombre necio, de doble
ánimo, miserable, ¿no te das cuenta de que todas
estas cosas no te pertenecen, que están bajo un poder
ajeno a tu naturaleza?».* A pesar de que vivimos en
una comunidad de bienes y compartimos un fondo
común, el peligro del materialismo todavía existe. Jesús

Lc 9:58 dijo de sí mismo: «Las zorras tienen madrigueras y las
aves tienen nidos... pero el Hijo del hombre no tiene
dónde recostar la cabeza».

¿Puede uno comprometerse con un grupo de personas?
Cuando nuestros miembros hacen sus votos, les
preguntamos: «¿Estás listo para entregarte sin reservas
a Dios, a Cristo y a los hermanos?». Aquí el asunto
no es rendirse a Dios o a Cristo, sino si uno puede
comprometerse con un grupo de personas. He estado

---

* *Pastor de Hermas*, Libro III, Parábola primera.

pensando sobre el significado de la entrega de la que
hablamos aquí; esta rendición a Dios, a Cristo y a los
hermanos y hermanas. Conocemos el primer manda-

Éx 20:3

miento —«No tengas otros dioses además de mí»—

Mt 22:39

y sabemos que Cristo nos ordena amar a nuestro
prójimo como a nosotros mismos. También sabemos

1Jn 4:20

que quien dice amar a Dios, pero odia a su hermano,
es un mentiroso. Así que no podemos separar nuestro
compromiso con Dios del compromiso con aquellos de
nuestros semejantes que también quieren seguir a Dios.

Por otra parte, es peligroso comprometerse sin
reservas con alguien; comprometerse uno mismo,
como decimos aquí, «con los hermanos». ¿Qué pasa
si esos hermanos se equivocan, incluso de una manera
sutil? Después de la primera y segunda generación, los
grupos religiosos pueden volverse rígidos en ciertos
puntos. Pueden volverse legalistas en cosas que parecen
buenas, y debido a esto se afecta su vida interior.

Si vemos este peligro, la verdadera pregunta es:
«¿Cómo podemos comprometernos unos con otros a
pesar de esto?». La respuesta solo se puede encontrar
en la fe en el Espíritu: el espíritu de Cristo. No hay
otra respuesta.

De una carta: Estoy agradecido de que hayas confesado abiertamente tus pensamientos y sentimientos
negativos hacia otros miembros de la iglesia. Dios es
más fuerte que los gustos y disgustos. Nos da amor y

nos da comunidad, donde se superan las simpatías y
aversiones personales.

De una carta: Entiendo muy bien que estás decep-
cionado con nuestra comunidad. Yo también me
estremezco cuando pienso en todo lo que ha pasado
en nuestra historia. Sin embargo, en última instancia
no es a una comunidad o a una iglesia a la que hemos
entregado nuestras vidas, aunque hayamos hecho votos
para ser fieles a nuestros hermanos y hermanas. Es a
Jesús a quien nos hemos entregado. Experimentó la
traición. Experimentó el abandono de todos sus discípulos. Experimentó ser abandonado por Dios. Y aun
así, la voluntad del Padre era más importante para él
que cualquier otra cosa. Así que me aferro muy firmemente a eso y te reto a que tú también te aferres con
firmeza. En esta hora, cuando el enemigo ha disper-
sado a tantos, debemos tomar en serio las palabras de

Mt 12:30 TLA Jesús: «El que no me ayuda a traer a otros para que me
sigan, es como si los estuviera ahuyentando». Mi deseo
es demostrar mi fidelidad a Jesús y a mis hermanos y
hermanas al congregarme con ellos.

Si queremos vivir en la comunidad de la iglesia,
debemos hacerlo solo por causa de Dios. De lo
contrario, aunque tengamos la mejor voluntad,
seremos como parásitos en la vida espiritual de
la iglesia. Aun si trabajamos más horas que otros

miembros, aunque produzcamos más ingresos que
los demás, nuestros esfuerzos serán como una carga
pesada para el resto de la comunidad. Tenemos la
puerta abierta para todas las personas, pero también
esperamos que cada uno de los que quieran quedarse
con nosotros, acepte el reto del discipulado total. De lo
contrario, nuestra comunidad se desintegraría.

Nuestro testimonio de una vida compartida en plena
comunidad —el hecho de que Jesús congrega y une
a las personas— se basa por completo en mantener
su palabra y su naturaleza. Pero la comunidad en sí
misma no es determinante; lo determinante es el amor.
La comunidad de trabajo, comunidad de bienes y
comunidad de una mesa en común, solo son frutos de
este amor.

De una carta: Siempre estamos agradecidos cuando
Dios fortalece nuestra comunidad al darnos nuevos
miembros, pero no queremos «hacer» miembros con
palabras agradables, ni tratar de convencer a alguien
de unirse a nosotros dándole una buena impresión. La
vida compartida en comunidad conlleva demasiado
dolor y necesidad, y uno no puede resistir la prueba
de sus luchas si no confía plenamente en la fuerza de
Dios. No tenemos la fortaleza en nosotros mismos:
Dios es la fuente de nuestra fortaleza.

Liderazgo

Una verdadera iglesia cristiana no puede ser un organismo vivo a menos que tenga un liderazgo claro. El barco de la comunidad necesita un timonel que lo guíe, y debe dejarse guiar desde arriba con profunda humildad y honrar y respetar a la hermandad que dirige. Ser guiado desde arriba significa escuchar la voz del Espíritu Santo cuando habla a toda la iglesia. Un líder no debe aislarse. A través de una estrecha colaboración con todos los miembros, se puede lograr una dirección perfectamente clara en todos los asuntos. Esto es cierto para todos los asuntos de la fe, todas las cosas prácticas, y para la actitud espiritual de la iglesia en su conjunto.

Cualquier servicio verdadero que se hace para la iglesia —incluyendo el servicio de liderazgo— se hace como por un órgano del cuerpo, y por tanto debe hacerse con amor, sinceridad, honestidad y de manera sencilla. El que tiene una responsabilidad no es superior a alguien que no la tiene: nadie es superior y nadie es inferior. Todos somos miembros de un solo cuerpo.

1P 5:1–4

El liderazgo verdadero significa servicio, por eso es terrible usarlo como una posición de poder sobre otros. Cuando tal abuso de liderazgo tiene lugar en una iglesia comunidad, resulta especialmente diabólico,

porque los hermanos y hermanas se entregan con
corazón abierto, voluntaria y confiadamente a la iglesia.
En un estado dictatorial, las personas pueden rendirse
a un poder mayor, aunque sus almas lo rechacen como
malvado. Pero, en una hermandad de creyentes, donde
los miembros confían en sus líderes, el mal uso del
poder es un verdadero asesinato de almas.

Cuando pedimos a los hermanos que dirijan la iglesia,
debemos pedirle a Dios que se les dé mucho. Pero
también debemos dejarlos ser ellos mismos, como Dios
los hizo. No deben ser presuntuosos; deben expresar
solo lo que Dios les ha dado. No esperamos más de
ellos. Sería desastroso que alguien se sintiera presionado
a desempeñar una función que no es genuinamente la
suya. No esperamos que alguien que está diseñado a ser
un oído, actúe como un ojo.

Cuando hablamos de la autoridad de los líderes de la
iglesia, debe quedar muy claro que nunca queremos
decir autoridad sobre las personas. Jesús dio autoridad
a sus discípulos, pero les dio autoridad sobre los espíritus, no sobre personas. De la misma manera, aquellos
que somos nombrados para dirigir la iglesia se nos da
autoridad, pero no sobre personas. Resulta demasiado
fácil olvidarlo. Debemos buscar la humildad una y
otra vez.

Hch 20:20–27

Hch 23:1

Un siervo de la Palabra* siempre está en peligro de enseñar algo falso o de suprimir algo de la verdad. Tengo un gran temor de esto, y les pido que intercedan en oración por todos nosotros. Pablo pudo decir que no había descuidado nada y que había hecho todo lo que debía en su función como apóstol de la iglesia. Esto me impresiona muy profundamente. Oren para que todo siervo de la Palabra traiga de nuevo todo el Evangelio a la iglesia una y otra vez, sin torcer ni cambiar nada en absoluto.

Lc 12:48

Jesús dice claramente que a quien mucho se le da, mucho se le demandará. Un siervo de la Palabra debe saber que se le exigirá más que a los demás. No hay privilegios en su tarea.

Un líder de la iglesia ciertamente debe ser amonestado, si alguien siente que ha obrado mal. Recuerdo cuán agradecido estaba hace años cuando un hermano me llamó aparte, después de una reunión de miembros —yo había estallado contra alguien—, y me preguntó: «¿Estás realmente seguro de que tu ira provenía del Espíritu Santo?». Tuve que admitir que no, así que volví a convocar la reunión para arreglar el asunto. Si

---

* *Siervo de la Palabra:* Pastor, ministro; hermano elegido por aprobación unánime para servir a sus compañeros miembros, cuidando de su bienestar espiritual y material. El término refleja la creencia de que el liderazgo auténtico en una comunidad cristiana significa servicio.

sientes que yo o alguien más está usando mal su
posición de autoridad, por favor ten la atención
de señalarlo.

No queremos una hermandad que esté ligada a un
hombre. Temo más que nada a un servicio en la
iglesia —sea de enseñar, aconsejar o lo que sea— que
involucre emocionalmente a alguien con otra persona.
Es terrible y no quiero tener nada que ver con eso.
Debemos estar juntos, unidos *en Cristo.*

Lo que más aborrezco es que los seres humanos tengan
poder sobre las almas y los cuerpos de los demás, sobre
todo en una comunidad cristiana. Me he prometido
luchar contra este mal hasta el final de mi vida, y si
alguien puede indicarme cuándo he usado el poder
sobre un ser humano —incluso sin darme cuenta—
quiero arrepentirme profundamente de eso. El poder
personal es el mayor enemigo de una iglesia viva.

Jesús puso a un niño en medio de sus discípulos y
dijo: «Les aseguro que a menos que ustedes cambien
y se vuelvan como niños, no entrarán en el reino de
los cielos. Por tanto, el que se humilla como este niño
será el más grande en el reino de los cielos». Aquí
vemos que Jesús ama el espíritu humilde. Esto también
debería ser real entre nosotros. En un matrimonio,

Mt 18:2–4

tanto el esposo como la esposa deben desear ser el
menor. Y en una iglesia comunidad, cada miembro
—sea anciano, administrador o lo que sea— también
debe desear ser el menor. Esa es nuestra meta.

Proclamar la verdad, que es una de las tareas del
líder en la iglesia, no es un don dado solo a personas
especialmente inteligentes y superiores. Si lo fuera,
la mayoría de la gente tendría razones para temer ser
discípulo de Jesús o líder en la iglesia. No es el intelecto humano el que está receptivo a la verdad; es su
espíritu humilde y sencillo. Jesús dice: «Vuélvanse
como niños, solo así podrán entrar al reino de Dios».
El espíritu humilde es y sigue siendo *espíritu,* por eso
es autoridad y revelación. La comprensión —que la
verdad se revela solo a los niños y a los sencillos de
corazón— es crucial en el discipulado de Jesús.

De una carta: Estaba tan agradecido por tu preocupación sobre la última reunión de miembros. Había
mucho en juego, pero nos perdimos en una conver-
sación trivial. El liderazgo que debí haber brindado
como pastor principal debe haber hecho falta. Siempre
hay una tensión: uno no quiere imponerse, pero si
todo el mundo habla a su antojo tampoco es bueno,
porque entonces el espíritu de Dios no puede hablar.

Mt 18:3

Mt 11:25

Cualquiera que recibe de la iglesia responsabilidades especiales —por ejemplo, un siervo de la Palabra, diaconisa, administrador, distribuidor de trabajo o jefe de taller— servirá con humildad o se enseñoreará sobre los demás como si fueran sus súbditos. Los adultos que trabajan con niños también tienen este peligro. En cada uno de nosotros existe la inclinación a los deseos de grandeza. Aunque sea una pequeña inclinación —tal vez alguien puede ser un poco mandón— es el comienzo de un mal mucho mayor que al final ocasionará mucho sufrimiento.

Es increíble el dolor del corazón que puede resultar cuando alguien en una posición de responsabilidad hace sentir su autoridad y trata a sus hermanos y hermanas como súbditos. Si un siervo de la Palabra es mandón, se necesita cierto valor para arriesgarse y protestar. Pero les deseo esa valentía a todos los miembros. Nadie más que Jesús es nuestro dueño y Señor, y todos nosotros somos hermanos.

Los líderes de una iglesia no tienen ningún derecho sobre las almas que se les han confiado. Considera como Jesús confió su rebaño a Pedro. No le dio ningún derecho sobre los corderos. Solo le preguntó:

Jn 21:15-17 TLA   «¿Me amas?, —y luego dijo— Cuida de mis ovejas». Es un pecado terrible —en realidad nada menos que asesinato— cuando alguien a quien se le confía un

servicio pastoral piensa que tiene derecho de gobernar
sobre las almas. Esto también se aplica a quienes
cuidan a los niños.

1Co 3:1–15

No quiero tener nada que ver con el honor humano.
Te pido que nunca honres a una persona, sea quien sea,
sino solo a Cristo en él. Denunciamos la honra de los
hombres porque conduce al sectarismo. En una secta el
líder piensa que es grande, pero es un delirio terrible.
Queremos honrar a Cristo en nuestros hermanos y
hermanas; queremos amarnos unos a otros, Cristo
nos lo ordenó. Pero rechazamos la idea de la grandeza
humana, que es necedad ante Dios.

Anhelamos profundamente que todos los demás
poderes y espíritus se rindan, y que nuestro amado
Jesús ponga sus manos traspasadas sobre cada uno de
nosotros. Anhelamos que él esté con todos nosotros, y
deseamos estar listos para servirle. Pedimos que desapa-
rezca todo lo que sea superficial en nosotros, y todo lo
que pueda entorpecernos o atemorizarnos. Queremos
reconocer solo el reinado de Jesús. Sí, todo está en
sus manos; él es el soberano sobre todos los poderes y
principados, la cabeza de la iglesia y la vid de la que
solo somos pámpanos.

La revelación de Cristo no tolera ninguna luz humana a su lado. Si hay luz humana —orgullo y presunción— en algún siervo de la Palabra, debe ser extinguida. Solo la luz de Jesús debe reinar en la iglesia. Dios no necesita la luz humana. Necesita hombres y mujeres que esperen en la oscuridad por su luz, que tengan hambre de la verdad y tengan sed de agua viva. Si alguien predica el evangelio para su propio crédito, y no reconoce que sin Dios no puede hacer nada, es un ladrón. Roba las palabras de Jesús y las usa para su propia gloria.

Jn 15:4

Ni un individuo ni una comunidad pueden dar fruto sin estar unidos a Jesús. Una vez que una persona ha decidido seguir a Jesús, se convierte en un pámpano de la vid y ya no puede vivir más para sí mismo. Separarse y aislarse por orgullo y vanagloria es el camino del diablo y termina en la muerte. Para cada miembro de la iglesia, pero sobre todo para sus líderes, mi deseo es que puedan vivir en Jesús, y aún más, que Jesús pueda vivir en ellos.

Dones

Mt 25:31–46

De una carta: Nunca olvides que un acto de amor al prójimo es el único acto importante del día. Todo lo demás no tiene valor ante Dios y puede incluso apartarnos de él o separarnos de nuestros hermanos. ¡Con cuánta fuerza Jesús lo remarca en nuestros corazones en sus profecías sobre el juicio final! La cuestión nunca es si estamos bien organizados o actuamos correctamente, sino si alimentamos a los hambrientos, recibimos a los extranjeros, vestimos a los desnudos, o si visitamos a los enfermos o los que están en prisión: en otras palabras, si actuamos por amor y compasión. Nunca pasemos por alto la necesidad de otro, ni olvidemos las palabras y acciones que fortalecen el amor.

Así como nadie tiene tan pocos dones que no pueda ser usado por Dios, nadie tiene tantos dones que sea demasiado bueno para realizar un simple trabajo manual. Debemos estar dispuestos a hacer cualquier servicio que se nos pida, a servir en el lugar más humilde. Un hombre puede ser la persona más dotada de su comunidad, pero si le falta humildad, si su corazón no es impulsado por el espíritu de Jesús, su vida no será fructífera.

Mt 25:14–30

La parábola de los talentos quizá se entienda mejor en el contexto de la iglesia: los talentos son dones encomendados a diferentes hermanos y hermanas. Una persona recibe el don de sabiduría, otra de conoci-

1Co 12:8–10

miento, otra de fe, sanación, profecía, discernimiento, hablar en lenguas, o de interpretación. Todos estos dones son necesarios para los diferentes ministerios de la iglesia, desde el liderazgo hasta cualquier otro. No hay diferencia en su importancia; todos son partes de un cuerpo. El ojo no es más importante que el oído, simplemente son dos órganos distintos.

A algunas personas les gustaría no ver diferencias. Piensan que si todos fueran iguales, nadie sabría quién era quién, entonces se establecería la verdadera justicia. Pero ese no es el evangelio de Jesús. En

Mt 25:24–30

Mateo 25, leemos de un hombre al que solo se le dio un talento. Sintió que no se le había dado lo justo, y por eso aborrecía a su señor. No hizo nada con su talento, sino que endureció su corazón. No solo le faltaba amor, estaba lleno de odio. Él dijo: «Señor, yo sabía que usted es un hombre duro». Eso es lo peor que nos puede pasar: sentir que no nos han dado nuestra parte justa; sentir que otros han recibido más de Dios; y entonces volvernos tan envidiosos y desamorados —tan separados del cuerpo— que no contribuimos al mismo en ninguna forma. En la parábola, el señor dijo: «Debías haber depositado mi dinero en el banco». Con eso quiso decir: «Haz al menos lo poco que eres capaz de hacer».

Una persona es brillante, otra es hábil con sus manos, otra con mucho talento musical. Estos son dones naturales y no deben ser enterrados, aunque por el bien común de la iglesia a menudo tienen que sacrificarse. Sería un error que alguien con dones intelectuales pensara que solo puede hacer un trabajo intelectual —

Mt 25:18

de lo contrario, estaría «enterrando sus talentos»— o que una persona con mucho talento musical pensara que está desperdiciando su talento al hacer trabajos domésticos. Debemos estar dispuestos a sacrificar nuestros talentos naturales por el bien de todo el cuerpo de Cristo.

1P 4:8–11

De una carta: Escribes que no tienes mucho talento. Eso no importa. Nadie tiene tan pocos dones que no pueda ser usado por Dios. Lo que importa es que uses los dones que *sí* tienes, que son impulsados por Dios. El problema nunca es la falta de dones, sino la falta de disposición para ser usado por Dios.

1Co 12–13

En 1 Corintios 12 y 13, el apóstol Pablo habla de muchos dones diferentes, incluyendo profecía, liderazgo, sanación y hablar en lenguas. Pero luego dice que todos estos grandes dones no son nada sin amor. Nuestra vida compartida en comunidad también es un don, pero a menos que Dios nos brinde su amor una y otra vez, se convertirá en algo tan carente de vida como una máquina.

El don de discernimiento de espíritus es vital para
una iglesia viva, pero debe ser dado por Dios. No es
un don humano. Cuando nosotros como individuos
o como grupo toleramos una mezcla de espíritus en
medio de nosotros, perdemos contacto con el espíritu
de Dios, incluso si pensamos que estamos siendo de
criterio amplio.

Por otro lado, debemos evitar luchar contra los
espíritus falsos e impuros con celo humano, y corre-
girnos o criticarnos unos a otros por temor de que algo
falso pueda entrar en la iglesia. Debemos reconocer la
importancia de discernir los espíritus, pero también
debemos reconocer que no ayuda separarlos de
manera humana.

Mt 13:24–30   La parábola del trigo y la cizaña, que crecen juntos
en un campo, demuestra cómo podemos causar daño
al intentar «limpiar el campo» nosotros mismos. Los
discípulos estaban llenos de fervor, pero Jesús les
advirtió que tuvieran cuidado, diciendo: «¡No!, no sea
que, al arrancar la mala hierba, arranquen con ella el
trigo». Siempre existe el peligro de corregir demasiado,
de amonestarse demasiado unos a otros. La única
respuesta es que seamos más dependientes de Dios.

El don de hablar en lenguas fue concedido en
Hch 2:4   Pentecostés por medio del derramamiento del Espíritu
Santo. Definitivamente fue una experiencia divina
y santa, y debemos tener una profunda reverencia
por ella. Creo que también hoy pueden darse esas

experiencias santas. Pero debemos cuidarnos contra el espíritu de error.

La gente habla con demasiada ligereza de ser «llenos del Espíritu», y poseer «dones del Espíritu». Estos términos se aplican con frecuencia a hablar en lenguas, pero en el Nuevo Testamento estas frases se emplean en ese sentido solo en unos pocos casos. En muchos otros casos no hay mención de las lenguas. ¿Quién se atrevería a decir que uno no puede ser lleno del Espíritu Santo sin la evidencia de las lenguas? Treinta años antes de Pentecostés, Elizabeth y Zacarías fueron «llenos del Espíritu Santo». Y desde entonces ha habido millones de casos en que las personas que no hablaban en lenguas han llegado a la salvación.

Lc 1:41, 67

En la iglesia primitiva, hablar en lenguas estaba estrechamente relacionado con el arrepentimiento. Jesús comenzó su misión con un llamado al arrepentimiento, y también el apóstol Pedro comenzó su misión con las palabras: «Arrepiéntase y bautícese cada uno de ustedes en el nombre de Jesucristo para perdón de sus pecados». Si no nos hemos arrepentido de verdad, y si no hemos creído en Jesucristo, entonces no hemos recibido el Espíritu Santo. Por desgracia, hay una falta de arrepentimiento en muchos de los movimientos actuales que ven el hablar en lenguas como ser «llenos del Espíritu».

Hch 2:38

Es imprudente equiparar la recepción del Espíritu Santo con la manifestación de emociones particulares. ¡Como si esa fuera la única manera en que obrara el Espíritu! Su morada no depende de nuestras

emociones, sino de nuestra unión con Cristo, que
Dios logra a través de nuestra fe en él. Las condiciones
bíblicas para recibir al Espíritu Santo son: arrepentimiento, fe en Cristo y la remisión o perdón de
nuestros pecados.

De una carta: Debemos tener reverencia por el don

Hch 2
de hablar en lenguas, como se describe en Hechos 2

1Co 12
y 1 Corintios 12. Pero es falso y malsano elaborar una
enseñanza o religión a partir de tal don. En 1 Corintios

1Co 13
13, se nos dice que pidamos los dones superiores de fe,
esperanza y amor, de los cuales el más importante es
el amor.

El don del amor conduce a Jesucristo, a la comunidad, al compromiso y a la misión; no conduce a
hablar sobre nuestros propios dones espirituales. Si
estamos llenos de amor, claro que podemos hablar en
lenguas, pero no necesitamos hablar de ello. Jesús dice:

Mt 6:6
«Entra en tu cuarto, cierra la puerta y ora a tu Padre,
que está en lo secreto. Así tu Padre, que ve lo que se
hace en secreto, te recompensará».

El movimiento carismático, que pone tanto énfasis
en hablar en lenguas, está basado en falsas enseñanzas
que causan división, que dan honra y gloria a los
seres humanos en lugar de Dios. Si alguien viene y
me dice que puede hablar en lenguas, le aconsejaría
que no hablara de eso, sino que mostrara los frutos
del Espíritu como se describen en el sermón del
monte. Jesús no nos enseñó a hablar en lenguas, sino

a abstenernos de hacer un espectáculo de nuestra
religión, y a seguir el camino de la humildad, el amor
y la unidad.

No es el desarrollo del ser humano lo que cambiará el
curso de la historia de la humanidad, solo será la intervención del Dios vivo en la vida de los seres humanos.
Cuando él nos haya tocado, podemos esperar un
cambio de corazón y de alma, y la llegada del Espíritu
y del reino de Dios. El Espíritu trae la alegría de Dios:
alegría en amor, alegría en compartir con hermanos y
hermanas, alegría en relaciones puras entre hombres
y mujeres, y alegría en justicia y paz entre razas y
naciones. En cuanto a nosotros, seguimos siendo
pobres, indefensos y atormentados. ¡Pero debemos
creer que la alegría de Dios y su reino pueden cambiar
la tierra y el cielo!

Perdón

Mt 6:14–15

Debería estar muy fuera de lugar que alguien se ponga a orar, sin haber perdonado a su hermano, a su prójimo o incluso a su enemigo. Jesús dice claramente: «Si no perdonan a otros sus ofensas, tampoco su Padre les perdonará a ustedes las suyas». No podemos cambiar ni una pizca de esta verdad. El único camino para encontrar la paz interior en Cristo es a través de la paz con nuestros hermanos. Los pensamientos rencorosos que reflejan falta de perdón conducen a la separación, y la separación ocasiona un daño interno y conduce a la muerte. La paz completa demanda honestidad total. Podemos vivir en paz con nuestros hermanos, solamente si llevamos la verdad en nuestros corazones y somos sinceros en nuestro amor.

Ef 1:7

Col 1:14

De una carta: El verdadero perdón de los pecados solo es posible en Jesús. En el mundo la gente perdona los pecados de los demás, pero sin Jesús, lo cual no ayuda. En la época de la Reforma, la Iglesia católica, que tenía una gran influencia sobre la gente, «perdonaba» los pecados a través de la venta de indulgencias. Hoy en día, los psicólogos y psiquiatras «perdonan» pecados. Le dicen a la gente: «No has pecado; tu comportamiento es bastante normal; no tiene nada de malo. No necesitas tener mala conciencia por eso; no puedes evitarlo». Así es como el mundo perdona el pecado.

Mt 5:23–24
Las cosas andan mal en las iglesias y comunidades cristianas porque las palabras de Jesús, sobre hacer la paz el uno con el otro antes de llevar una ofrenda al altar, ya no se toman con seriedad. Jesús mismo lo dijo, y como seguidores suyos se nos ha encomendado ser testigos de sus palabras. Para nosotros esto significa que no debemos orar ni participar de la cena del Señor, a menos que haya paz completa entre nosotros. Con mucha frecuencia las cosas quedan sin resolver cuando las personas oran juntas. Pero la vida compartida en comunidad no perdurará de esa manera, y tampoco el matrimonio. Debemos aclarar las cosas y perdonarnos unos a otros una y otra vez.

Mt 6:14–15
Si guardamos rencor contra alguien, la puerta a Dios estará cerrada. Estará absolutamente cerrada, sin manera de llegar a él. Solo si perdonamos a los demás seremos perdonados. Estoy seguro de que muchas oraciones no se escuchan, porque la persona que ora tiene rencor contra alguien, aunque no sea consciente de ello. Jesús dice, más de una vez, que antes de orar debemos perdonar. Si queremos a Jesús, debemos tener un corazón perdonador.

Mt 18:18
Como ocurrió en el tiempo de los apóstoles, la iglesia de Jesucristo tiene la autoridad de representar su reino hoy en día. Tiene la autoridad para atar y desatar, perdonar y no perdonar. Ninguna conciencia puede

Mt 6:14–15   vivir sin el perdón del pecado, y sin perdón nadie puede entrar al reino de Dios. Pero a menos que perdonemos primero a los demás, no podemos recibir el perdón.

Stg 5:16   En la carta de Santiago leemos que debemos confesar nuestros pecados unos a otros para que puedan ser perdonados. Pero esto es posible solo si Jesús vive en nosotros. Sin él, no hay perdón.

A menos que el perdón de los pecados se declare en comunión con Jesús, a través de su Espíritu Santo, no significa nada. Es Jesús quien promete que nos perdonará en el juicio final, y es él quien también vencerá al diablo y los demonios ese día. Nosotros no podemos vencer el mal, aunque vivamos juntos en hermandad, aunque seamos quemados como mártires. A menos que Jesús viva en nosotros y nosotros en él, todos nuestros esfuerzos serán en vano.

Ap 1:5–6   Las palabras: «Al que nos ama y que por su sangre nos ha librado de nuestros pecados... ¡a él sea la gloria y el poder por los siglos de los siglos!», indican que no somos nosotros los que podemos perdonar los pecados. El perdón de los pecados es posible solo por medio de Cristo, quien nos ama y nos libera con la sangre de su vida.

Declaramos el perdón de los pecados en la iglesia unida, pero este perdón desciende del cielo, nosotros no tenemos autoridad alguna. Nada humano puede usurparla. La gracia de la cruz debe estar presente.

Como una vela encendida se consume a sí misma y da luz, así la luz del Cristo resucitado alumbra para nosotros mediante su muerte. Cuando Cristo resucita en nosotros —cuando sale el sol— la noche queda vencida por el día. Así es con el perdón de los pecados. Debemos experimentar lo que significa llevar la carga del pecado *y luego ser liberados*. Entonces veremos cómo el sol de Cristo resplandece de nuevo a través del perdón de pecados.

El poder redentor del perdón, que está solo en Jesús, debe permanecer en el centro de la iglesia viviente y de nuestra esperanza para el mundo entero.

El perdón significa redención personal y liberación, pero siempre debe ser visto en el contexto más amplio de la redención de todo el mundo. Debemos esperar que traiga el reino de paz a naciones enteras y a todos los seres humanos. Esta expectativa, que se puede encontrar en cada página del Nuevo Testamento, proviene de Jesús. Debe estar viva en nosotros para que no sea algo que solo creamos, sino algo que arda en nuestros corazones.

Ya que Jesús murió por nosotros, su sangre habla con
más fuerza que la sangre de Abel, quien simboliza al
hombre inocente que fue asesinado. En Jesús, hasta un
asesino puede encontrar el perdón. La sangre de Jesús
habla más fuerte que la sangre acusadora derramada
por la mano del hombre.

Mt 6:14-15   Tenemos la maravillosa promesa de Cristo: si perdonamos, seremos perdonados. Desde luego, también
tenemos su firme advertencia: si no perdonamos, no
seremos perdonados. Mirémonos el uno al otro con
ojos nuevos y veámonos mutuamente como un don de
Dios, aunque conozcamos las debilidades de los demás.

Col 3:15   Pablo le escribe a los colosenses que están llamados a
vivir en la paz de Cristo como miembros de un cuerpo.
No basta con sentir la paz de Dios a nuestro alrededor,
debe reinar en nuestros corazones. El alma del ser
humano gime por la paz. Por eso Jesús dijo a sus discí-
Jn 14:27   pulos en su última noche: «La paz les dejo; mi paz les
doy. Yo no se la doy a ustedes como la da el mundo».
   Por naturaleza no estamos en paz; estamos
divididos. Pero estamos llamados a encontrar la
reconciliación con Dios en Jesús. Él nos ofrece el
perdón de pecados, para que podamos encontrar la
unidad y la paz con él y entre nosotros. No basta con
buscar la paz para nosotros mismos, para nuestras

propias almas. Debemos buscarla para todo el cuerpo de Cristo, y en última instancia, para toda la creación.

Resentimiento

Lc 23:46

De una carta: Todo cristiano serio debe pasar por horas de abandono de Dios; incluso Jesús lo hizo. La única respuesta en esas horas es: «¡Padre, en tus manos encomiendo mi espíritu!». Si nos entregamos incondicionalmente al Padre, él nos mostrará el camino. Pero nada se le mostrará al que no perdona a su hermano. Dios no tendrá misericordia de él y permanecerá abandonado por Dios mientras continúe con su odio y su falta de perdón.

De una carta: Manténganse firmes en su rechazo de toda susceptibilidad y de cualquier otra cosa que destruya el amor. Amados hermano y hermana, ustedes no son los únicos que podrían encontrar motivos para ser susceptibles. Soy odiado y acusado por muchos; pero si cedo ante el resentimiento, la puerta de la oración a Dios se me cerraría. Dios escucha solo a los que perdonan.

Ro 5:12–21

De una carta: Me duele que a tu corta edad tengas que pasar por luchas tan difíciles. Pero no culpes a tu padre de tus problemas. Desde Adán, todos estamos bajo la maldición del pecado y la muerte, y no podemos encontrar una vida nueva o pureza de

corazón sino a través de la sangre de Cristo. Es lo
mismo para ti que para mí y para cualquier otro ser
humano. Aférrate a Jesús.

De una carta: Eres cínico respecto al engaño que se ha
descubierto entre nosotros. Sí, es terrible, tan terrible
que podría destrozarlo a uno por completo. Pero
solamente estarás añadiendo pecado al pecado si te

Sal 22   amargas. Lee el Salmo 22; considera lo que le sucedió a
Jesús y cómo reaccionó ante la burla, el desprecio y la
traición. Eso no lo volvió cínico.

De una carta: Pides perdón por tu envidia y odio. Con
mucho gusto te perdonaremos personalmente. Pero el
perdón de toda la hermandad, que significa la renovación de la unidad con Jesús y su iglesia, no se puede
dar hasta que te apartes por completo de tu pecado.

No estamos enojados contigo, pero no podemos
declarar el perdón en nombre de la hermandad por tu
actitud pecaminosa, hasta que demuestres tu arrepentimiento con más profundidad. Es posible que
esto ya haya comenzado. Si es así, continúa en esa
dirección. Dios es bueno y no te rechazará. También
la hermandad te ama y tampoco te rechazará. Pero no
podemos unirnos contigo mientras haya envidia y odio
en ti.

De una carta: Escribiste que te era imposible trabajar porque estabas muy molesto por el daño que te habían hecho. Tu resentimiento debe salir a la luz y ser vencido. En última instancia, los males que otras personas te hayan hecho no pueden separarte de Dios; solo los males que tú les hagas a otros. Esto es de suma importancia: debes vencer todo dolor y amargura.

De una carta: Mantente firme en la esperanza y la fe, y una profunda alegría llenará tu corazón y sanará tus heridas, una alegría que vencerá todo temor y pesimismo. Después de todo, somos llamados a un camino de alegría, alegría en Dios y en los demás, porque en el sentido más profundo el amor significa alegría.

Unidad

Mt 23:37

En Mateo 23:37 Jesús dice: «¡Cuántas veces quise reunir a tus hijos, como reúne la gallina a sus pollitos debajo de sus alas, pero no quisiste!». Esta súplica, junto con la súplica en la última oración de Jesús:

Jn 17:21

«Que todos sean uno. Padre, así como tú estás en mí y yo en ti», es un desafío decisivo y constante para nosotros. Nos llama a un camino de amor y unidad fraternal plenos en Jesús, y nos llama a seguirlo en unidad para que el mundo pueda reconocer que somos sus discípulos.

Nada acerca o une más profundamente a las personas que tener la misma esperanza, la misma fe, la misma alegría y expectativa. Por lo tanto, es muy triste cuando creyentes individuales están solos. Siempre ha habido personas que han tenido que permanecer solas por causa de su fe, algunas en prisión durante años. Pero donde hay una verdadera expectativa, por lo general las personas se unen para estar juntas; su fe en común los conduce a la comunidad, y pueden fortalecerse y animarse mutuamente. Permanecer en Dios siempre tiene un poder unificador. Oremos para que estemos reunidos con todos los que viven con expectativa en Dios.

Mt 22:37–39 *De una carta:* El primer mandamiento de Jesús es amar a Dios con todo nuestro corazón, alma y ser, y luego amar a nuestro prójimo como a nosotros mismos. En esta era individualista, más que nunca, una iglesia de gente comprometida, unos con otros en tal amor y fidelidad, es una necesidad absoluta. Jesús subraya repetidamente la importancia del amor y la unidad absoluta: unidad como la que tiene con el Padre. No creo que hayamos alcanzado nunca este máximo estado de unidad, ni siquiera en nuestros momentos más sagrados; solo Dios lo sabe. Sin embargo, queremos vivir como testigos de esto. No 1Jn 4:19–21 podemos separar la consagración a Jesús del compromiso con nuestros hermanos y hermanas.

De una carta: Es cierto que se puede servir a Jesús en cualquier lugar. ¡Pero qué don tan especial resulta cuando, a través de él, dos o tres o más personas se vuelven de un corazón y un alma! Esto no se puede fabricar, es un don.

Dios no se contradice a sí mismo. No le dice a uno: «Irás a la guerra», y al otro: «No irás a la guerra»; o a uno: «Serás fiel en el matrimonio», y al otro: «Eres libre para divorciarte». Si estamos abiertos a la verdad —si escuchamos a Dios en nuestros corazones—, veremos que él nos dice lo mismo a todos, también en los asuntos prácticos. No creemos en el decreto de

1Co 1:10 una mayoría sobre una minoría. Creemos en la unanimidad lograda por Cristo, quien quiere comunicar la misma verdad a cada corazón. Esta unidad es una gracia y un milagro que experimentamos continuamente. Pero, si no somos fieles a Dios y a los demás, la podemos perder.

La unidad de todos los creyentes es el único criterio para la verdad. Cuando falta una verdadera unidad, el carisma —el poder de ciertas personas o personalidades sobre los demás— toma su lugar. La gente escucha humanamente a los demás simplemente porque son personalidades o líderes fuertes. El carisma no solo es el fundamento equivocado para la comunidad; constituye un terreno totalmente peligroso.

Un grupo religioso puede encontrar una vida espiritual sana solo si sus miembros experimentan una constante unidad con el Espíritu y con Dios. Solo entonces la conciencia de cada uno puede vivir y prosperar, y solo entonces se puede lograr la verdadera unanimidad.

Es irrelevante donde se vive la unidad. Lo importante es que *se* viva en algún lugar.

Hoy en día, muchas personas buscan experiencias religiosas o dones carismáticos como hablar en lenguas. Pero existe el peligro de que al buscar estos dones la

gente pierda el mensaje principal del evangelio: la
unidad en el amor. ¿Qué clase de ayuda sería para la
humanidad si miles y decenas de miles de personas
hablaran en lenguas, pero no tuvieran amor ni unidad?

Nuestra fe en Jesucristo nos une como hermanos y
hermanas, y nos insta a llamar a otros a seguirlo con
nosotros. Lo hacemos con la absoluta pobreza de espíritu, no es que queramos tener más miembros. Pero
nos sentimos motivados a llamar a otros a la unidad.
El Espíritu Santo une, no dispersa.

Mt 12:30

El intento de reconciliar distintas iglesias y confesiones es bueno, sin ninguna duda. Pero la verdadera
unidad —la unidad que derriba todas las barreras—
comienza con el arrepentimiento. Cuando el Espíritu
Santo descendió en Pentecostés, la gente preguntaba:
«Hermanos, ¿qué debemos hacer?». Sus corazones
fueron profundamente impactados, se arrepintieron
de sus pecados y se volvieron de un corazón y un
alma. Por desgracia, en el movimiento ecuménico
actual todavía existen obstáculos o barreras, y las
personas se dan la mano por encima de ellas. Pero
debemos testificar sobre la posibilidad de la verdadera unidad entre los seres humanos. Llega solamente mediante el arrepentimiento, y a través de un
encuentro personal con Jesús: como hombre, como
espíritu vivo y como Señor.

Hch 2:37

De una carta: El movimiento ecuménico tiende a resolver las diferencias haciendo concesiones. Las concesiones sustituyen al arrepentimiento, a la reconciliación profunda y a la unanimidad que crece como fruto del arrepentimiento, y al final de cuentas los males serios se disimulan con frecuencia.

Un sentimiento meramente emocional de unidad no basta. En nuestras comunidades nos comprometemos a hablar con franqueza unos con otros cuando haya problemas, para amonestarnos unos a otros y para aceptar la amonestación. Siempre que evitamos esta honestidad fraternal, porque tememos las consecuencias que pueda tener, nuestra unidad deja de ser una realidad. La voluntad de Dios es la acción, y debemos vivir conforme a ella, con hechos. Cuando lo hacemos, Cristo puede lograr una iglesia verdaderamente unida, purificada por el Espíritu Santo. Ya no alimentaremos sentimientos contra los demás y nos convertiremos en un corazón y un alma, como en la iglesia primitiva.

Mt 12:33

Mt 7:16–18

Jesús dijo, más de una vez, que un árbol se reconoce por sus frutos. Nunca debemos olvidarlo. Todos podemos ver qué clase de árbol es la sociedad actual: sus frutos son asesinato, injusticia, impureza, infidelidad y destrucción.

¿Cuáles eran los frutos que Jesús quería ver?

El primer fruto es la unidad. ¿De qué otra forma

Jn 17:21

reconocería el mundo a sus discípulos? Jesús dijo:
«que todos sean uno. Padre, así como tú estás en mí y
yo en ti».

¿Cómo podemos mostrar los frutos de la unidad y
seguir siendo parte de la sociedad actual? Es imposible:
la sociedad está dominada por la codicia, el espíritu de

Jn 8:44

este mundo, que desde el principio ha sido un asesino,
y un mentiroso. No está gobernada por el espíritu de
unidad, sino por espíritus de desintegración, destrucción y separación. La verdadera unidad solo puede
encontrarse en una vida de hermandad.

¿No es verdad que Cristo demanda la rendición de
todo el ser humano ante su nuevo orden? El tiempo es
urgente. ¡Lleguemos a un verdadero sentido de responsabilidad! ¡Reunámonos con Cristo y unámonos con él
como ramas en el árbol de la vida!

En una hermandad gobernada por el Espíritu Santo,
uno puede ver muchos aspectos de Jesús, así como
uno ve los distintos colores en un arco iris. Cada uno
de nosotros es diferente, pero Dios nos creó, y no
debemos tratar de ser algo que no somos. Debemos dar
nuestro corazón, alma y ser a Jesús, y dejar que haga
con nosotros lo que quiera. Entonces nuestras vidas
encontrarán su verdadera realización y nos amaremos
unos a otros como somos, con nuestras diferencias,
incluso nuestras diferencias nacionales. El mismo Jesús
se expresa en cada hermano y hermana.

Disciplina en la iglesia*

En nuestras iglesias comunidades, cada miembro hace
un pacto con Dios en el bautismo, y promete nunca
más pecar intencionalmente contra él. Si después del
bautismo alguien peca en forma deliberada contra
Dios, debe someterse a la disciplina en la iglesia, a fin
de emprender un comienzo totalmente nuevo.

Los pecados pequeños que todos cometemos a
diario pueden perdonarse mediante nuestra oración
cotidiana. Si los pecados son peores, pueden perdonarse por medio de la confesión. Santiago dice:

Stg 5:16

«Confiésense unos a otros sus pecados, y oren unos por
otros, para que sean sanados». Para los pecados más
graves es necesaria la disciplina eclesial.

La disciplina se lleva a cabo únicamente a petición
de la persona interesada. En algunos casos una persona
puede ser excluida de la oración comunitaria y de las
reuniones de miembros, hasta que se haya arrepentido
y sea perdonada. En otros, una persona se pone en
una «exclusión menor». Esto significa que no puede
participar de la oración común y que no debe recibir el
saludo de la paz, aunque puede seguir participando en
la vida diaria de la comunidad. Si se comete un pecado
todavía más grave, la iglesia puede usar la «exclusión
mayor». En este caso, se declara que la persona ha sido

---

* Para la base bíblica de la disciplina eclesial como se describe en este capítulo véase: Mt 5:29–30, 9:13, 16:19, 18:8–9, 15–20; Lc 15:7–10; Jn 20:22–23;
1Co 5:1–5; 1Ti 1:20.

separada del reino de Dios y no puede formar parte de
la vida compartida en la comunidad de la iglesia, hasta
que haya manifestado un corazón arrepentido.

Cuando alguien se tiene que arrepentir de un
pecado muy malo y cometido deliberadamente,
usamos las palabras de Pablo: «Entreguen a este
hombre a Satanás para destrucción de su naturaleza
pecaminosa a fin de que su espíritu sea salvo en el día
del Señor». Pablo estaba hablando de un hombre que
vivía con la esposa de su padre; pero, a pesar de seme-
jante pecado, él creía que la exclusión podría llevar a la
salvación del alma de este hombre. Nosotros también
creemos —y lo hemos experimentado— que a través
de la disciplina, las personas que han pecado pueden
encontrar el arrepentimiento total y el perdón pleno, y
pueden volver a ser verdaderos hermanos y hermanas.

1Co 5:1–5

Pablo advirtió a la iglesia primitiva no dejar que crezca
ninguna hierba amarga porque puede envenenarlo
todo. Si esta advertencia fue dada a los primeros
creyentes, entonces seguramente se aplica también a
nosotros. Esa es una de las razones por las que usamos
la disciplina eclesial: para que ningún veneno pueda
destruir la iglesia. Otra razón es darle a la persona que
está siendo disciplinada la oportunidad de comenzar
de nuevo, para que reciba el perdón de sus pecados y
purifique su vida.

Heb 12:15

Podemos excluir a hermanos y hermanas solo si reconocemos que el pecado en nuestros corazones también debe ser juzgado. La disciplina eclesial no se lleva a cabo para juzgar a una persona, sino para separar de la iglesia el mal en una persona. Esto tiene que suceder una y otra vez en nuestros corazones.

Cuando los hermanos y las hermanas aceptan la disciplina eclesial, debe recordarnos la gracia del arrepentimiento. Si verdaderamente se arrepienten, hacen algo por toda la iglesia —de hecho, por todo el mundo— porque el mal queda derrotado por Jesús. En este sentido, debemos tener un profundo respeto y reverencia por aquellos que son disciplinados, porque sabemos que nosotros mismos necesitamos la misericordia y compasión de Dios.

Debemos tener mucho cuidado de no cargar más a la culpa existente de una persona, ni siquiera con un miligramo. Debemos estar agradecidos de que el arrepentimiento y la reconciliación con Dios son posibles para los excluidos, para nosotros y para toda la humanidad.

La disciplina en la iglesia es una victoria de la luz sobre las tinieblas; es el comienzo de la sanación en una persona. Si se acepta en este sentido —el único sentido verdadero— es una gracia.

Creo que el asunto de la exclusión y la readmisión —por cierto, de la disciplina eclesial en su totalidad— está íntimamente relacionada con Jesús, el amoroso

Salvador y Redentor, quien lleva los pecados de todo el mundo. Él aceptó la muerte en la cruz, para que todos los seres humanos tuvieran la posibilidad de reconciliarse con Dios una y otra vez. Esta reconciliación no puede separarse del perdón de pecados.

Todo el asunto de la disciplina en la iglesia es algo que en la cristiandad actual se ha vuelto confuso o se ha suavizado. Pero no se trata del punto de vista de nuestra iglesia, contra el punto de vista del cristianismo en general. Nuestra comprensión de la disciplina en la iglesia se basa por completo en las palabras de Jesús y sus apóstoles. Ellas son nuestra única guía.

Mt 18:15–20

En una iglesia que está casi o totalmente muerta, la gente chismea sobre la debilidad de los demás. Existe poca, si acaso, disciplina eclesial, y por eso tampoco hay perdón. Jesús mandó: «Por lo tanto, si estás presentando tu ofrenda en el altar y allí recuerdas que tu hermano tiene algo contra ti, deja tu ofrenda allí delante del altar. Ve primero y reconcíliate con tu hermano; luego vuelve y presenta tu ofrenda». También dijo que no debemos orar a menos que perdonemos a *cada* persona en el mundo entero, ya sea que esté en lo correcto o que esté equivocada, sean amigos o enemigos. Estos mandamientos han sido olvidados casi por completo.

Mt 5:23–24

Mr 11:25

La parábola de Jesús sobre las malas hierbas entre el trigo a menudo se utiliza como una excusa para una iglesia moribunda. Pero creo que esta parábola no se

Mt 13:24–30

relaciona sobre todo con la iglesia; se refiere principalmente al mundo en general. No podemos usarla
como excusa para tolerar la maldad. Si sabemos que
hay pecado en la iglesia, debe ser erradicado a través de
la disciplina eclesial, por amor hacia la persona invo-
lucrada y a la iglesia. De lo contrario, toda la iglesia

Ef 5:27

se perderá. Pablo dice que la iglesia no debe tener
manchas, arrugas ni imperfecciones, sino que debe ser

Col 1:22

pura y santa como Jesús mismo es santo. No podemos
excusar la maldad al decir que donde hay trigo siempre
habrá cizaña.

No hay mejor manera de derrotar al diablo en
nuestros propios corazones que entregándonos por
completo a Jesús. Esto es cierto, sobre todo para los
miembros bajo disciplina eclesial, y para aquellos
que luchan con malos pensamientos y sentimientos.
Deben entregarse a Jesús una y otra vez. Esa es la única
manera en que la victoria es posible en la lucha del
corazón en la vida cotidiana.

Heb 4:12

En la carta a los Hebreos, dice que el espíritu de
Dios es tan cortante como una espada de dos filos.
En primer lugar, debemos aplicar este filo a nosotros
mismos. Pero el Nuevo Testamento también habla
de la gran compasión, amor y ternura que viene del
Espíritu, y debemos mostrar siempre este amor a los
demás, especialmente a los pecadores.

Podemos ir a Jesús con cualquier necesidad y encontraremos gracia y compasión. Pero también debemos estar dispuestos a aceptar su franqueza. Todo cristiano necesita alguien que le diga la verdad en el amor de Cristo, sin importar lo dolorosa que sea, a fin de que pueda cortar de raíz lo que está mal en él.

Debemos orar para que junto con la sal de la verdad podamos tener compasión y amor misericordioso. Entonces no caeremos en los extremos, y no nos hablaremos sin amor. Mi padre escribió una vez: «El que amonesta a su hermano sin amor es un asesino». Creo que todos nosotros tenemos que reconocer en qué momento hemos carecido de amor y pedir perdón.*

Cuando algo no está bien en un hermano o hermana, debemos hablarles al respecto por amor. Y si alguien nos habla claramente, no debemos ser susceptibles. Puedo asegurarles que los que vivieron con Jesús escucharon bastantes palabras francas y directas. En comparación con Jesús, quizá todavía somos demasiado educados. Jesús honraba a su madre, pero también le dijo: «Mujer, ¿eso qué tiene que ver conmigo?». Su manera de amar no es una forma de cortesía.

Jn 2:4

---

* Otro dicho parecido de Eberhard Arnold es: «El amor sin la verdad, miente, pero la verdad sin el amor, mata».

De una carta: Si sabes de casos concretos de complacencia, falta de amor o pecado entre nosotros, por favor llámanos la atención sobre ellos. Pero no hagas acusaciones generales y hables de ellos con otros. Hablar así es extremadamente peligroso y divisivo. No ayudará a unir a los hermanos y hermanas, sino que los separará todavía más.

En el Nuevo Testamento está muy claro que el perdón de pecados está relacionado con la iglesia.

Mt 16:19 Jesús da a la iglesia las llaves para «atar y desatar». Así que en cualquier lugar de esta tierra, donde dos o tres se reúnan en su nombre —es decir, en un espíritu de rendición completa e incondicional a él—, allí se dan las llaves para atar y desatar. El perdón no es tan solo un asunto privado.

Dios quiere que lleguemos a ser más claros en nuestro discernimiento, pero también quiere que nos volvamos más amorosos, más comprensivos y más misericordiosos. La disciplina en la iglesia debe existir,

Lc 6:37-38 pero debemos recordar las palabras de Jesús: «No juzguen, y no se les juzgará... Porque con la medida que midan a otros, se les medirá a ustedes». El amor es el don más grande.

Bautismo

En el bautismo tres cosas son de suma importancia:
la fe en Jesucristo, la seguridad del perdón de pecados
mediante el arrepentimiento y la incorporación al
cuerpo, que es la iglesia.

El bautismo es un pacto con Dios y su iglesia, en el
que nos entregamos de todo corazón a Jesús con todo
lo que somos y lo que tenemos, creyendo que él perdo-
Ef 1:7   nará nuestros pecados. Este perdón de pecados solo
es posible por medio de la muerte de Jesús, aunque le
Jn 20:23   haya dado a su iglesia el poder de perdonar pecados en
su nombre.

Que Dios perdone los pecados de cada persona que
1Jn 1:7   desea el bautismo, y que Jesús purifique a cada uno de
ellos con su sangre, los haga hijos de Dios y verdaderos
hermanos y hermanas.

El bautismo es una confesión de arrepentimiento y,
por lo tanto, significa una consagración absoluta: significa entregarnos de lleno, derramarnos completamente
para Jesucristo, como se derrama una vasija, para que
nos quedemos vacíos de nosotros mismos y seamos
pobres ante Dios.

1P 3:21

Ro 6:3–6

Jn 15:26

Ro 7:6

El bautismo es la declaración de una buena conciencia ante Dios, la cual es posible solo a través de la ayuda misericordiosa y del poder purificador de la sangre de Cristo. Es el espíritu de Cristo, el espíritu de verdad, el que habla a la conciencia creyente y la dirige hacia la unidad con la voluntad de Dios. Solo en esa unidad —a unidad de una buena conciencia con Dios— existe la verdadera paz. Aquí, la conciencia se libera de la ley y de los poderes del espíritu de nuestro tiempo.

Jesús fue bautizado en el río Jordán, y creo que él quería que el bautismo fuera una verdadera inmersión. Pero la forma no es importante; si no hay agua disponible para la inmersión, el agua también puede derramarse sobre la persona que está siendo bautizada.

Col 2:12

Lo importante es que seamos sepultados con Cristo en el bautismo, y que resucitemos con él por la fe que Dios obra en nosotros, así como Cristo resucitó de los muertos.

El paso del bautismo es un paso de consagración total a Dios y a la iglesia, y no queremos convencer a nadie para dar ese paso. Pero debemos llamar a la gente al arrepentimiento; debemos señalar que el evangelio contiene la condena más fuerte del pecado, aunque también contiene la bienvenida más cálida para los pecadores arrepentidos. Dios nos llama una y otra vez

para venir ante él con nuestras transgresiones y nuestra
necesidad, y siempre podemos volvernos a él con
confianza, sin importar las circunstancias.

De una carta: No nos convertimos en mejores
personas por medio del bautismo; no ascendemos para
convertirnos en dioses. Siempre seguiremos siendo
humildes pecadores para quienes Dios ha descendido.
Es un milagro del que nunca seremos dignos, pero
Dios está lleno de gracia.

Es mejor no bautizarse que dar el paso con un corazón
a medias, por causa de tus padres o por alguien a quien
amas, o para conseguir la seguridad como miembro de
la iglesia. El bautismo debe ser una decisión personal.
Nadie puede hacerlo por ti.

Millones de personas se bautizan, pero para muchos
de ellos el bautismo es una formalidad totalmente
vacía. Le aconsejaría a cualquiera que quiera bautizarse que se pregunte a sí mismo: «¿Estoy dispuesto,
por causa de Jesús, a amarlo a él por encima de todo
—esposa, padres o hijos— para que él pueda vivir
en mí? ¿Estoy dispuesto a darle todo a Jesús y a mis
hermanos?». Si no lo estás, no te bautices. Debes estar
dispuesto a morir por él, para que él mismo pueda
vivir en tu corazón. Jesús debe ser tu único tesoro.

Lc 14:25–27

Ro 8:1-4

Si eres bautizado por causa de Jesús, él te recibirá, te amará y te dará su perdón y su paz. Vivirá en ti y te ayudará a vencer toda tentación. Serás lavado y purificado con su sangre.

Ro 6:3-6

Jn 12:24-25

El bautismo verdadero está profundamente relacionado con la muerte y la resurrección de Jesús. No se puede separar de ambos. El bautismo en realidad significa morir con Cristo y luego resucitar con él. La frase «morir con Cristo» ha sido tan usada que quizá parte de su poder se ha perdido; pero cuando reflexionamos a fondo en lo que significó para Dios venir a esta tierra y morir por nosotros, comenzaremos a sentir la seriedad de pedirnos morir con él.

Ap 1:18

El bautismo requiere una decisión personal de confesar los pecados propios y dar la vida por completo a Jesús. Significa querer morir en vez de pecar de nuevo con plena conciencia. Debes experimentar personalmente que Cristo es la paz de tu corazón y que murió por ti. Pero esto no es suficiente. Debes tener una visión mucho más grande de Cristo. Sería un error olvidar tu experiencia personal. Sin embargo, debes ver más allá y reconocer la grandeza del sufrimiento y pecado de todo el mundo. Y también debes reconocer la grandeza de Dios, la grandeza del universo y la grandeza de Jesús, quien es el rey del reino de Dios y tiene la llave del inframundo. Tiene poder sobre todos los poderes.

El bautismo no es una institución humana: es un paso
en el que se perdonan los pecados, y se expulsan los
demonios por medio de Jesucristo y el Espíritu Santo.
Ningún hombre puede hacer esto, tampoco ningún
grupo de personas. Necesitamos la presencia misma
de Cristo, y por eso pedimos que Dios esté presente
en nuestras reuniones bautismales. A él es a quien
honramos, quien perdona nuestros pecados mediante
la fe en la muerte de Jesucristo. Por supuesto, antes de
que Dios pueda perdonar los pecados por medio del
bautismo, debe haber arrepentimiento. Todos nosotros debemos tomar el arrepentimiento con seriedad
y todos debemos romper con la justicia, rectitud y
bondad humanas. Ninguno de nosotros es justo; solo
Dios es justo. Jesús era más severo con aquellos que
eran «buenos», con aquellos que no necesitaban la cruz
o creían que eran salvos porque eran hijos de Abraham.

Mr 2:17

Él dijo: «No son los sanos los que necesitan médico
sino los enfermos. Y yo no he venido a llamar a justos
sino a pecadores».

Ro 6:12–13

Pablo dice que una vez que somos convertidos y
bautizados —una vez que hemos decidido seguir
a Jesús—, ya no debemos poner los miembros de
nuestro cuerpo a disposición del pecado. Esto es muy
importante; el cerebro debe estar lleno con la gracia
y los pensamientos de Dios; las manos ya no deben
causar derramamiento de sangre ni cometer actos

obscenos o impuros; y los ojos ya no deben ser utili-
zados para la lujuria, sino para irradiar el amor de Dios
a los hermanos y hermanas. Cuando nos entregamos
a Cristo en el bautismo, sellamos todo nuestro cuerpo
para que él lo use.

Sin embargo, todo el mundo sabe que después del
bautismo, el mal todavía trata de obrar en nosotros.
En uno puede ser a través de la impureza, en otro
por medio del orgullo, en otro mediante el odio y la
amargura. Es imposible salir del fango con las correas
de nuestros propios zapatos. Podemos pelear y luchar,
pero nunca seremos capaces de cambiarnos a nosotros mismos. Es a través de la muerte de Jesús, de su
perdón y su poder para erradicar el mal del corazón,
que no seremos más esclavos del pecado. Todavía
seremos tentados, pero nuestra tentación será respon-
dida por la profunda experiencia interior de la fe. Si
solo tenemos la ley —el «no desearás»— y los malos
deseos llegan a nuestros corazones, no sabremos qué
hacer. Pero si hemos experimentado a Jesús a través
del arrepentimiento, seremos capaces de vencerlos.
Seguiremos siendo humanos, pero ya no seremos
esclavos del pecado.

1Co 10:13

La cena del Señor

La cena del Señor es un símbolo externo, una señal de que nos entregamos quebrantados a Jesús, cuyo cuerpo fue quebrantado y crucificado. Cristo quiere estar presente en el corazón de cada uno que parta el pan y beba el vino. Quiere que nos volvamos débiles con él, para que podamos fortalecernos en su fortaleza y tengamos comunión con él. El pan y el vino son solo símbolos, pero la unidad purificadora con Cristo que simbolizan es una gran realidad. En la cena del Señor experimentamos comunidad con Cristo.

1Co 10:16–17 Así como los granos de trigo de diferentes campos se muelen y mezclan en un solo pan; y las uvas de muchos viñedos se prensan para producir vino; también nosotros, que venimos de diferentes países y culturas, podemos estar unidos en la cena del Señor. Pero esta unidad es posible solamente cuando sacrificamos nuestra propia importancia.

La cena del Señor es una comida de unidad, y debemos prepararnos para que podamos participar de ella dignamente. Es una comida en la que recordamos a Jesús, cuyo espíritu redentor de perdón está disponible para todo el mundo: para todos los pueblos y todas las razas. Y también es un tiempo para renovar nuestro pacto de fidelidad con Dios, y descargar nuestros corazones para que puedan liberarse para el servicio y volver a consagrarse a él.

Al recordar cómo Jesús instituyó la cena en su
última noche en la tierra, también debemos recordar
que cada cristiano debe estar dispuesto a sacrificar
su vida —de hecho, *debe* sacrificar su vida— como
él. Vivimos en un mundo que es tan hostil hacia el
reino de Dios como lo era en la época de Jesús, y no
nos prometió que nos iría mejor que a él. Más bien,

Jn 15:18–20   dijo que sus discípulos serían perseguidos, y lo que le
hicieron a su Señor también lo sufrirían sus discípulos.

Al celebrar la cena del Señor damos testimonio del
amor de nuestro Señor Jesús, cuya muerte hizo posible
que encontráramos el perdón de los pecados, amor
y unidad unos con otros. En realidad es una comida
muy sencilla, pero Jesús pidió a sus discípulos que la
celebraran en su memoria, por eso la celebramos en
ese sentido.

1Co 11:29   Pablo dice que el que coma el pan y beba el vino
indignamente en la comida de conmemoración, come
y bebe juicio para sí mismo. Con esto está claro que
no debemos ir a la cena del Señor con una conciencia
cargada de pecados sin confesar. Pero no deberíamos
permitir que nos atormenten sentimientos de indig-
nidad. Pablo se refiere aquí principalmente a la actitud
espiritual, con la que debemos venir a la cena del
Señor. Debemos participar con el mismo temor reve-
rente que tuvo Moisés cuando Dios le mostró la zarza

Éx 3:5 ardiente y le dijo: «Quítate las sandalias, porque estás pisando tierra santa».

En la iglesia primitiva los creyentes se reunían con frecuencia para celebrar la cena del Señor, para que los espíritus malignos fueran expulsados de entre ellos. Cuando hay una lucha espiritual en nuestra hermandad, también nos sentimos urgidos de celebrar la cena del Señor. Jörg Blaurock, uno de los primeros líderes anabautistas, dijo que si se celebra con frecuencia, revelará a los falsos hermanos entre nosotros.

Al partir el pan y beber el vino en la cena del Señor, nos unimos a Cristo en el sentido más profundo posible. Recordamos su muerte salvadora y procla-
1Co 11:26 mamos «la muerte del Señor hasta que él venga», como dice Pablo. Proclamamos la muerte de Cristo como el acontecimiento histórico de mayor importancia: a través de sus heridas somos sanados, mediante su sufrimiento encontramos a Dios, y por medio de su gran luz encontramos el amor. Oramos que solamente él pueda ser nuestro amo y Señor. Amemos a Jesús —su camino y su vida— con todo nuestro ser.
Mt 10:39 El Nuevo Testamento dice que si amamos a Cristo, debemos morir con él. Esto significa que debemos morir a nosotros mismos. Morir a sí mismo es a menudo muy doloroso y puede costar una larga lucha, pero es posible si amamos a Cristo y a su cruz con

bastante profundidad. No se trata de autotormento, sino de encontrar a Jesús.

Desde luego, no solo debemos recordar la muerte de Cristo y su sufrimiento, cuando pensamos en la cena del Señor, también debemos recordar su resurrección de los muertos y su ascensión al Padre, desde donde reinará sobre la iglesia y el corazón de cada creyente. Y debemos recordar su promesa de regresar otra vez para juzgarnos y establecer su maravilloso reino.

Amor y matrimonio*

Jesús nos mostró que el amor significa dar la vida por los demás en vez de quitar la vida; convertirse en la persona más pequeña y más humilde, en lugar de la más poderosa. El amor nos hace libres. Una persona que quiere dominar a otros y tener poder sobre ellos, tiene un alma atormentada, mientras que una persona que está ardiendo de amor, tiene un alma alegre. Deseamos para nuestras parejas que el amor gobierne sus vidas, y que el servicio de uno al otro tenga prioridad antes que el servicio a sí mismo. Pero más que esto, deseamos que puedan consagrarse a la gran causa de Dios, y que su amor por él esté antes que todo lo demás, incluso antes que su matrimonio.

En la esfera del amor, el factor determinante nunca es el físico: es la relación de corazón a corazón y de alma a alma. No podemos olvidar que sin el alma, el cuerpo es simplemente la figura humana: simple materia. Sin embargo, no debemos despreciarlo por eso. «¿Acaso no saben que su cuerpo es templo del Espíritu Santo, quien está en ustedes y al que han recibido de parte de Dios?». El cuerpo da expresión a los impulsos del corazón. Una sonrisa gentil, ojos que brillan por una palabra de afecto o un suave toque de la mano, pueden

---

* Para este capítulo se ha usado ampliamente el libro del autor: *In the Image of God: Marriage and Chastity in Christian Life*. Rifton, NY, Plough, 1997.

conducir a un abrazo ardiente y caricias que culminan
en unión definitiva. El cuerpo es el alma hecha visible.

De una carta: La atracción hacia el sexo opuesto es
natural, pero en ningún caso es una base suficiente
para casarse ni para formar una familia. Es bastante
natural que cuando un hombre ama a una mujer,
quiera saber si es la «ideal» para él. Solo hay una
respuesta a esta pregunta: ambos deben sentir que una
relación matrimonial los acercará más a Jesús.

Puedo imaginar muy bien —de hecho, estoy
seguro—, que la elección correcta para un cónyuge no
es la persona más atractiva eróticamente, sino aquella
cuya compañía llevará a ambos compañeros más cerca
de Jesús. Si el matrimonio se basa solamente en la
atracción física, se acabará muy fácilmente.

De una carta: Al considerar una pareja para toda la
vida, no dejes que tus sentimientos de afecto cambien
casualmente de una persona a otra. Pon a prueba
tus sentimientos ante Jesús. El paso del matrimonio
es bueno para un cristiano solamente si está seguro
de que lo llevará más cerca de Jesús, y que ambos
cónyuges servirán juntos más plenamente a Jesús que si
estuvieran solos. No creo que un cristiano deba casarse
solamente para satisfacer sus deseos físicos y emocionales. Un deseo personal y emocional necesita estar
presente, pero no debe ser el factor decisivo.

De una carta: Si estás pensando en unir otra alma a tu vida a través del matrimonio, aprende a amar, aprende a ser abierto de corazón, y aprende a considerar primero a la otra persona.

De una carta: Lo digo en serio y por su bien: es mejor asegurarse ahora —antes de comprometerse uno al otro—, de si es o no la voluntad de Dios que ustedes dos sean uno para el otro. Tener dudas una vez que se han comprometido para casarse es terrible, pero tener dudas una vez que están casados resulta increíblemente más terrible. Que Dios les haga ver más claro si realmente son el uno para el otro. Sería mejor tener un final chocante para su relación, que una relación de choque sin fin. Les digo esto con amor. Que Dios los guíe.

De una carta: Tu pregunta: «¿Por qué me siento atraída por este joven si él no es para mí, sino para alguien más?», es una pregunta un tanto rebelde. Acusa a alguien superior a ti misma. En última instancia, acusa a Dios. Ya que la naturaleza humana es así, con frecuencia sentimos atracciones por las que no tenemos más opción que rechazar. Eso es simplemente parte de nuestra debilidad humana. Quién está destinado para ti, o si alguien está o no destinado para ti, no soy yo quien deba decirlo. Lo importante para ti es darle tu vida a Jesús.

Matrimonio

Mt 5:28

Jesús toma tan en serio el vínculo del matrimonio que considera incluso una mirada con lujuria como un adulterio en el corazón. Habla con tanta severidad sobre esto porque quiere proteger el don maravilloso y santo de la unidad entre dos personas.

En un matrimonio verdadero, un hombre y una mujer se convierten en uno, primero que todo en espíritu. Esto significa que son uno en la fe, uno en su experiencia con Dios, y unidos en la pureza de a iglesia.

Segundo, el matrimonio significa que un hombre y una mujer son uno en alma. Uno puede ser de un mismo espíritu con cualquier persona creyente. Pero hay una diferencia en el vínculo que existe entre una pareja casada y entre los demás. Existe un amor especial entre estos dos, y un regocijo especial cuando están cerca uno del otro. Porque se aman mutua y específicamente, son fieles el uno al otro y mantienen pura su relación.

Tercero, el matrimonio significa que la pareja se convierte en una sola carne mediante el acto de la unión física. Si esta unión se rompe por la infidelidad, es un pecado terrible, porque —a los ojos de Dios— se destruye todo en el matrimonio. Lo que al principio fue una bendición se convierte en una maldición, y no queda nada más que la esperanza de que, por medio del arrepentimiento y la gracia de Dios, se pueda dar algo nuevo otra vez. No hay excusa para el adulterio, especialmente para alguien que cree en Jesús.

La bendición de Dios está sobre cualquier pareja
—joven o mayor— que experimenta la unidad en
el orden correcto: primero, la unidad en un espíritu;
después la unidad de alma y corazón; y luego la unión
física. Con demasiada frecuencia una pareja llega a ser
uno en cuerpo, cuando existe poca unidad de corazón
y solo una mínima unidad de espíritu.

Mt 5:27–32 Tomamos con mucha seriedad las palabras de Jesús
en el sermón del monte sobre la lujuria, el divorcio
y el segundo casamiento, y mantenemos una firme
posición en contra de la inmoralidad sexual. Ningún
miembro de nuestra iglesia puede divorciarse y luego
casarse otra vez, tampoco ninguna persona que
haya vuelto a casarse puede convertirse en miembro
comprometido, mientras continúe viviendo en esa relación matrimonial si su anterior cónyuge todavía vive.

Creemos en la fidelidad para toda la vida, también
por el bien de cualquier hijo que la pareja pueda tener.
El pacto del matrimonio entre dos personas debe ser
Mt 19:6 un pacto de por vida y no puede ser alterado, pues: «Lo
que Dios ha unido, que no lo separe el hombre».

La base de un matrimonio verdadero es el amor a
Jesús. Debes aceptar a Jesús como un poder vivo en tu
relación. Debes rendirte completamente a él.

Ef 5:23 La tarea del hombre es representar a Jesús como la
cabeza, pero esto también significa que debe seguir

el ejemplo de humildad de Jesús. Un hombre que no
quiere ser humilde no puede ser un discípulo.
La tarea de la mujer es representar a Jesús como el
cuerpo: la iglesia. Debe tomar el ejemplo de María,

Lc 1:38, 48 quien dijo: «Aquí tienes a la sierva del Señor...
porque se ha dignado fijarse en su humilde sierva». Si
no puede aceptar esto, no es cristiana.

Gn 2:18 En el sentido más profundo, el matrimonio conduce
hacia la comunidad. Como Dios dijo: «No es bueno
que el hombre esté solo». De un solo ser él hizo dos
—hombre y mujer— y en el matrimonio estos dos se
convierten en uno otra vez.

Un matrimonio durará solamente si ambos esposos
tienen un corazón humilde y abierto. Los celos y el
egocentrismo siempre tratarán de entrar en su relación y separarlos, pero el amor prevalecerá, porque:

1Co 13:4–7 «El amor no es envidioso ni jactancioso ni orgulloso.
No se comporta con rudeza, no es egoísta, no se enoja
fácilmente, no guarda rencor. El amor no se deleita
en la maldad sino que se regocija con la verdad». Esto
también significa que el amor perdona. Cuando estás
casado, día tras día descubres que tu pareja no es
perfecta. Pero, si puedes perdonar a tu cónyuge, cada
día será un nuevo comienzo, y cada día traerá nuevas
alegrías. El amor: «Todo lo disculpa, todo lo cree,
todo lo espera, todo lo soporta». Nada es demasiado
pesado para sobrellevar si hay amor. Incluso si una
situación difícil los confronta como pareja, el amor los

mantendrá firmes con esperanza y fe, porque soporta
todas las cosas.

La fidelidad en el matrimonio es de crucial importancia para la vida espiritual de cada cónyuge. Existe
una profunda relación entre el amor conyugal en sus
aspectos espirituales y emocionales, por un lado; y
la unión sexual, por el otro. Cuando dos personas
se convierten en una sola carne en un matrimonio
verdadero, su unión física tiene una conexión muy
profunda con Dios. Si su relación sexual los llega a
separar de él, se convierte en algo pecaminoso incluso
dentro del matrimonio. Tener un certificado de
matrimonio no le da a uno la libertad de vivir para el
cuerpo y sus apetitos.

Debido a la intimidad única y el misterio de la esfera
sexual en el matrimonio, tiene lugar una unidad
incomparable cuando cada esposo se rinde por
completo al otro. Esta unión es la expresión orgánica
del amor conyugal, cuya sola meta es la entrega mutua
de sí mismo. Cada cónyuge conoce los secretos del
otro, y es la voluntad de Dios que únicamente este
hombre y esta mujer mantengan esos secretos y no los
compartan con nadie más.

Nuestro llamado principal es seguir a Jesús, a cualquier
costo. Si se nos da el don de tener un cónyuge, deberá
duplicarse nuestra consagración a Jesús, no debilitarla.
El matrimonio debe llevarnos más cerca de Jesús.

Oramos para que aquellos que van a contraer
matrimonio no permitan que nada los separe del amor
de Dios, pase lo que pase; porque su amor siempre está
ahí para sostener a cada uno de ellos y a los dos juntos
a través de la necesidad y el sufrimiento, así como
durante los momentos de alegría.

El vínculo del matrimonio es una promesa de ser
fieles contra viento y marea, en las buenas y en las
malas, y de ser completamente dependientes del amor
de Dios durante toda la vida.

Uno de los peligros más grandes en un matrimonio
es quejarse, mostrar insatisfacción por cosas muy
pequeñas porque uno siente que el cónyuge no es
perfecto. Si una persona piensa que siempre tiene la
razón, no se abrirá al amor. Puede que tenga temor
a Dios y escuche su Palabra y su voluntad, pero el
enemigo siempre estará al acecho para tentarla, incluso
en cosas pequeñas. Cuando las quejas empiezan en un
matrimonio, el amor se enfriará lentamente. Debemos
estar conscientes de este peligro. Pero, si estamos
dispuestos a enfrentar todas las cosas, esperar todas las
cosas, y perdonar todas las cosas, entonces cada día
será una nueva experiencia de amor, aunque nuestro
matrimonio atraviese por días difíciles.

De una carta: Creo que debes preguntarte seriamente si has mostrado suficiente amor y paciencia a tu esposa, y si te has esforzado por entender su situación y sus

Ef 5:23–29

necesidades. Un esposo debe guiar a la familia, pero esto significa que su primer deber es entender las necesidades de su esposa y de sus hijos. Si no las entiende, no puede demostrarles amor ni brindarles liderazgo.

1Co 13:4–7 TLA

De una carta: Cuando la situación entre tu esposo y tú se vuelva clara en sus corazones ante Dios, quien es el único que ve todo, reconocerán que hay errores en ambas partes. Lean 1 Corintios 13:4–7 con su ojo interior dirigido a su matrimonio:

> El que ama tiene paciencia en todo, y siempre es amable. El que ama no es envidioso, ni se cree más que nadie. No es orgulloso. No es grosero ni egoísta. No se enoja por cualquier cosa. No se pasa la vida recordando lo malo que otros le han hecho. No aplaude a los malvados, sino a los que hablan con la verdad. El que ama es capaz de aguantarlo todo, de creerlo todo, de esperarlo todo, de soportarlo todo.

Si leen esto, creo que sentirán que ambos son culpables y que ambos han ofendido el amor en su matrimonio.

De una carta: Creo que tienes razón en que tu esposo está herido en su corazón. No puedes sanar su herida, pero puedes humillarte. La humildad tiene un efecto sanador sobre una persona a la que hemos herido. La Biblia dice: «Esposas, sométanse a sus propios esposos» y «El esposo es cabeza de su esposa».

Ef 5:22–24

Sé que tienes tu propia carga que llevar y tienes razón, debes ponerla al pie de la cruz para poder recibir la sanación y el perdón. Parte de poner todo en la cruz es lamentarse, hasta lo más hondo de nuestro corazón, por lo que hemos hecho. Pienso en ambos con gran amor y oraré por ustedes.

De una carta: Querido hermano, guarda silencio absoluto ante Dios y escucha con tu corazón la voz de Dios. Búscalo junto con tu esposa. Dios es el que los unió; Dios es quien los mantendrá juntos; Dios es el que los protegerá.

Sexo

El aspecto sexual del matrimonio no es de ninguna manera la parte más importante de la relación. El significado del sexo se exagera en la actualidad de una forma totalmente nociva. El amor entre hombre y mujer se ve con demasiada frecuencia solo en un sentido animal, como un impulso sexual, y su verdadero significado se ha perdido por completo.

Desde luego, existen diferencias en la composición
biológica del hombre y la mujer. Pero resulta del todo
materialista pensar que las diferencias entre hombre y
mujer son biológicas y nada más. Una mujer anhela
absorber a su amado dentro de sí misma. Por naturaleza, ella está diseñada para recibir y resistir; para
concebir, dar a luz, amamantar y proteger. Parte de
la maldad de nuestro tiempo es el hecho de que las
mujeres se rebelan en contra de llevar la carga y el
dolor del embarazo y el parto. El hombre, por otro
lado, desea entrar en su amada y convertirse en uno
con ella; está hecho para iniciar y penetrar en lugar
de recibir.

Un hombre verdadero representa a Cristo como
la cabeza, incluso si es una persona muy débil. Pero
esto no se debe entender para enseñorearse. Su tarea
apostólica es: Ir y hacer discípulos. Enseñar a la gente.
Sumergirlos en la atmósfera divina, en la vida del
Padre, del Hijo y del Espíritu Santo. De ningún modo
se excluye a las mujeres de esta tarea, pero de una
manera especial es el deber del hombre.

Mt 28:19–20

Es evidente que las diferencias entre el hombre y la
mujer no son absolutas. Una mujer verdadera repre-
sentará a Cristo y a la verdad apostólica, y un hombre
verdadero tendrá la sumisión y humildad de María.

La religión actual es la psicología, y la psicología
analiza al hombre como un animal y no como imagen
de Dios. Freud tiene razón en muchos aspectos, pero
olvida el factor principal: Dios. Debido a que analiza
al hombre como si no fuera hecho a imagen de Dios,
explica el deseo sexual como la fuerza motivadora del
hombre. Incluso considera que la relación del hijo con
el padre y la madre se basa en el sexo.

Los psicólogos tienen razón al enseñar que existen
muchos impulsos en nosotros, no solamente impulsos
sexuales, sino también el deseo de propiedad y de
poder. Pero su conclusión, que no es bueno reprimir
estos deseos, está equivocada, pues ignora por
completo la realidad de Dios y el hecho de que el
hombre fue creado a su imagen.

Ef 5:32

El amor y la unidad entre dos personas en el matrimonio es profundamente simbólico. El apóstol Pablo
dice: «Yo me refiero a Cristo y a la iglesia». Tales son
los términos sagrados con los que se presenta el matrimonio, y por esta razón necesita estar completamente
subordinado a Dios. Su verdadera naturaleza solo
puede entenderse en relación con Cristo y la eternidad. El momento en que la esfera sensual o sexual
se aísla de Dios y se trata como un fin en sí misma, el
alma se contamina y enferma. Por supuesto, el sexo es
algo distinto del amor; sin embargo, debe existir una
profunda armonía entre el sexo y el amor conyugal.

El sexo es en esencia íntimo y misterioso, y debe
permanecer así debido a su íntima relación con el
amor, que es la experiencia más profunda y más
espiritual de todas. Sería un grave error creer que
cuando Dios destina a dos personas, para que juntos
se conviertan en una carne, es únicamente con el
propósito de la procreación. Desde luego, no es
cierto que el matrimonio tenga propósito solo en
este sentido limitado.

En contraste con todas las demás áreas de la experiencia corporal, la esfera del sexo es profunda en sí
misma. Su sensualidad tiene ciertos elementos esenciales que penetran en las raíces mismas del ser físico
de la persona y directamente en su alma. Tiene una
profundidad y una seriedad que va mucho más allá de
los límites del cuerpo, y llega hasta las experiencias de
la mente y el espíritu.

    Por lo tanto, cuando una persona se rinde a la
lujuria se contamina en una forma muy distinta de
cuando, por ejemplo, lo hace por la glotonería. La
satisfacción de la lujuria sexual daña a la persona en
su interior: en su corazón y su ser más íntimo; ataca y
perjudica el alma en su esencia.

    El aspecto sexual de la esfera sensual tiene un lugar
central en la persona, porque el cuerpo, el alma y
el espíritu se encuentran en esta como en ninguna
otra área de la experiencia humana. Por ello la vida
sexual tiene una intimidad propia, que el individuo

1Co 6:13–17

instintivamente la oculta de los demás. El sexo es *su*
secreto, algo que siente que le afecta en su ser más
íntimo. Cada revelación en esta esfera comunica algo
íntimo y personal, y le permite a otra persona conocer
su secreto. Por eso es que el área del sexo también es
el área de la vergüenza: nos avergüenza revelar nuestro
secreto ante los demás.

¡Qué terrible es un tiempo y una época en que la
persona se desprecia tanto a sí misma y a su valor
humano al grado de perder todo sentido de vergüenza!
Para una persona pura la esfera sexual es su propio
secreto individual, y cuando se descubre, se revela de
forma única como la entrega completa de sí mismo a
una sola persona en el matrimonio.

La revolución sexual de hoy está destruyendo el alma
interior de las personas. Queremos dar testimonio
con nuestras vidas de algo muy diferente: el hecho de
que son posibles la pureza absoluta y la fidelidad en el
matrimonio.

Toda la idea de la relación sexual entre hombre y mujer
proviene de Dios. No es algo para estar avergonzado;
simplemente es algo demasiado sagrado para que se
hable de ello todo el tiempo.

Por su naturaleza única, el sexo puede tomar dos formas muy diferentes; puede ser un acto sublime, misterioso, noble, puro y pacífico; en este caso tendrá un efecto redentor. Pero también puede ser una rendición prohibida a la lujuria descarada, entonces enfermará el alma de la persona, y se convertirá en dominio del mal y de atracción diabólica.

La profanación de cualquier tipo es pecado. Si abuso de un ser humano al tratarlo como una cosa en lugar de una persona, violo su dignidad como imagen de Dios. Profanación es seducir a otro ser humano, sin pensar en la responsabilidad de su alma. Es un crimen contra el espíritu, el alma y el cuerpo de la otra persona *y* contra uno mismo.

Seducir a una persona del mismo sexo es todavía más terrible. Es impío y perverso, y el Antiguo y Nuevo Testamento, así como los padres de la iglesia primitiva, hablan seriamente contra eso.

Casarse solo para satisfacer un deseo físico queda descartado por completo. Pero uno no puede negar del todo sus sentidos. Cuando escuchas un canto agradable, no niegas tu sentido del oído. Y cuando ves la belleza de la creación de Dios, no niegas tu sentido de la vista. Cuando hueles la primavera y las flores, no niegas tu sentido del olfato. Lo mismo es cierto respecto del sentido del sexo. Divorciado de Dios, el sexo es una oscuridad terrible; esto es cierto. Pero si tratas de negarlo rotundamente, te obligas a hacer algo antinatural.

La gente se acerca demasiado al fuego del amor y el sexo, sin ningún fundamento espiritual. Se involucran en relaciones sexuales a la ligera, sin reverencia por Dios, y se destruye su vida espiritual. Hasta la fidelidad en el matrimonio se ha vuelto cada vez más rara. Pero Dios permanece fiel y quiere que seamos fieles.

De una carta: El sexo no tiene otro propósito que el matrimonio. Fuera del matrimonio es pecaminoso. La Biblia demanda castidad antes del matrimonio y fuera de este; eso está muy claro. Así que si no siempre has seguido el camino puro y casto, debes buscar el perdón a fin de presentarte rectamente delante de Dios. Pero Jesús quiere darte este perdón.

Celibato

1Co 7:32–35

Debemos reconocer que renunciar al matrimonio es un gran sacrificio. Pero pertenecer completa e indivisiblemente a Cristo es un gran don. En cierto sentido, una relación con Cristo puede adquirir un significado más profundo para una persona soltera que para una casada, porque su corazón puede dirigirse exclusivamente hacia Cristo, y es posible una relación personal, indivisible y plena con él.

Cristo compara el reino de Dios con un banquete de bodas en más de una ocasión. Él llama al alma a unirse con él y quiere entregarse a sí mismo sin división a cada persona. No hay nada que supere la calidez interior, ternura y fecundidad de la unidad exclusiva con Jesús. Este vínculo muy íntimo y supremo del alma puede llenar cualquier vacío. Piensen, por ejemplo, en los muchos creyentes que a través de la historia sufrieron en prisión por años —hasta décadas— por causa de su fe. A través de la gracia, cada uno de nosotros puede experimentar también este vínculo de amor y unidad.

Lc 14:16–20

En Lucas 14:16–20, Jesús habla de aquellos que rechazan su invitación al banquete por amor a otras cosas. Al final de cuentas, se trata de ser totalmente decididos y no de doble ánimo. Para ser completamente llenos por Dios y completamente libres para seguirlo, debemos estar vacíos en nuestro interior de todo lo demás. El peligro de un corazón dividido es especialmente grande cuando estamos preocupados con cosas o personas dignas de amor. Cuando nuestro ojo interior ya no está dirigido exclusivamente a Cristo, en ese caso, la maternidad, paternidad, familia, hijos, e incluso la comunidad de vida y amor en el matrimonio, pueden convertirse en ídolos y absorber con facilidad nuestro amor.

Debemos darle nuestro corazón únicamente a Dios. Nuestro amor por él y por Cristo debe ser tan fuerte que estemos alegremente preparados para cualquier

sacrificio. Nuestra oración es que podamos morir, para
que Cristo pueda irradiar desde nosotros; que ya no
vivamos para nosotros mismos, sino que Cristo viva
en nosotros.

De una carta: Preguntas si Jesús te está llamando a
renunciar al matrimonio por causa del reino de los
cielos. Creo que tal llamado al celibato es posible, y
no solo para aquellos con un trasfondo católico. Pero
yo dudaría en hacer tal voto de manera apresurada;
de antemano tendría que considerarlo con mucho
cuidado.

De una carta: Puedo imaginar muy bien tu lucha y
necesidad internas al renunciar al matrimonio, aunque
debes saber que no eres el único que ha transitado por
el dolor y la falta de paz interior en este asunto. A fin
de cuentas, todos tenemos que estar dispuestos a que
Dios nos use como quiera. El pensamiento de que
Dios no te ama definitivamente es del diablo. Estás
aferrándote demasiado a un gran don —el matrimonio—, cuando hay otros dones mucho mayores que
Dios también quiere darte. El don más grande es un
amor ardiente por Cristo. Debemos estar dispuestos a
renunciar a todo por esto.

De una carta: En cada ser humano existe el anhelo de tener una pareja, y no tiene nada de malo, fue puesto por Dios en los seres humanos. Pero en el discipulado de Jesús podemos encontrar el cumplimiento de este anhelo sin el matrimonio, aunque rara vez se da sin gran dolor, muchas lágrimas y angustia del corazón.

Deseo que puedas encontrar tal sanación en Cristo, tal plenitud y riqueza que no haya espacio en tu vida para el vacío. Esto es posible solamente a través de una intensa consagración a Jesús mismo y al sentir su gracia en lo más profundo de tu corazón.

Que tu vida sea guiada solo por Cristo, de la manera que él quiera, para que cuando llegues al final de tu existencia, o cuando Cristo regrese a esta tierra, te presentes como una virgen dispuesta con una lámpara preparada.

Vida familiar*

Los niños

Mr 10:14–15 Jesús dijo que solo los niños —y los que son como ellos— entrarán en el reino de Dios. A diferencia de los adultos, los niños no son seres divididos ni duales. Son un todo; son vulnerables; dependen por completo de padre y madre. Cristo nos llama a volvernos como niños, y esto significa que debemos dejar todo y llegar a ser absolutamente dependientes de Dios y unos de otros.

Mt 18:3–6 Si nosotros como padres amamos a Dios con todo nuestro corazón y alma, nuestros hijos tendrán la reverencia debida por nosotros, y nosotros también tendremos reverencia por nuestros hijos, y por el maravilloso misterio de convertirnos y ser un niño. El elemento básico de una verdadera vida familiar es la reverencia por el espíritu que se mueve entre padres e hijos.

Mt 18:1–3 Los discípulos se acercaron a Jesús y le preguntaron: «"¿Quién es el más importante en el reino de los cielos?" Él llamó a un niño y lo puso en medio de ellos. Entonces dijo: "Les aseguro que a menos que ustedes

---

* Para este capítulo se ha usado ampliamente el folleto del autor: *The Purity of Childhood*. Rifton, NY, Plough, 1974.

cambien y se vuelvan como niños, no entrarán en el
reino de los cielos"».

Estas palabras de Jesús expresan el enorme valor que
tiene el alma de un niño pequeño a los ojos de Dios.

Lc 12:7 Podemos estar seguros de que Dios cuenta cada cabello
Mt 18:10 de cada niño, y que cada niño tiene un ángel guardián
que siempre tiene acceso al trono de Dios.

La inocencia de un niño es una bendición enorme.
Sin embargo, existe una inclinación al pecado en cada
niño, y por ello debemos guiar a los niños en el camino
recto para que no pierdan su inocencia infantil, es
Mt 18:6 decir, su pureza de corazón. Es un crimen terrible
inducir a un niño a pecar.

Es muy importante que los padres y educadores
inspiren en cada niño un profundo amor por Dios,
por Jesús, y por los demás. Los padres y educadores
deben contarles a los niños sobre Jesús: cómo nació
en un establo, cómo vivió y trabajó, cómo sanó a los
enfermos, cómo amaba y bendecía a los niños, cómo
murió en la cruz y resucitó, y qué significado tenía en
su vida el mundo angelical. Es importante tener una
actitud de sencillez hacia el mundo angelical y hacia la
vida de Jesús. Los niños experimentan las cosas espirituales de una manera mucho más real y profunda de
lo que creemos.

Es más importante guiar a los niños a un amor
ardiente por Cristo que enseñarles —mucho menos
forzarlos— a decir oraciones habituales que no salgan

del corazón cada mañana o noche. Los niños pueden aprender a amar a Dios a través de canciones e historias de la Biblia, y de escuchar sobre la vida de Jesús. La primera tarea de padres y educadores es despertar en los niños el amor por Cristo. Entonces un impulso interior de orar a él también despertará en ellos.

De nada sirve conocer la Biblia al derecho y al revés, o hacer que los niños la aprendan de principio a fin, si Dios no habla directamente al corazón. Debemos tener mucho cuidado de no ejercer una presión religiosa sobre los niños; queremos que tengan una actitud sencilla y confiada hacia Dios, hacia Jesús y hacia la Biblia.

Así como debemos limpiar nuestros propios corazones continuamente, también debemos preparar los corazones de nuestros hijos para que se conviertan en buena tierra para la Palabra de Dios. Dios sufre cuando un corazón es como un camino duro o rocoso, o cuando está lleno de espinas. Sermonizar, sin embargo, no hace la tierra buena; a menudo endurece el corazón.

Nuestra iglesia tiene sus propias guarderías para nuestros niños de seis semanas en adelante, también sus propios jardines de niños y escuelas. Pero no creemos que la iglesia comunidad tenga la autoridad principal

para educar a los niños, la tienen los padres. El hogar
es el fundamento de la educación. Aquellos que cuidan
a los niños en la escuela o en otros lugares solo pueden
complementar la atmósfera espiritual del hogar.

La seguridad interior de un niño comienza en
su relación con sus padres. Los diez mandamientos

Éx 20:12 no dicen en vano: «Honra a tu padre y a tu madre».
Hemos descubierto que cuando un niño no aprende
a honrar a su padre y a su madre, a menudo le resulta
difícil encajar en la sociedad más adelante en la vida.

Dt 6:13 *De una carta:* Para un niño el temor de Dios debe
comenzar con el temor del padre y la madre. La idea
de temer a Dios es bíblica, pero esto no significa que
un niño debe tener miedo a sus padres o miedo a Dios.
Simplemente significa que debe tener una profunda
reverencia, un profundo respeto y un profundo amor
por ellos.

De una carta: Se ha dicho que los primeros cuatro
años de vida de un niño son los más cruciales en
su educación.* Si un niño tiene reverencia por sus
padres y por Dios, cuando tiene tres o cuatro años,
entonces la batalla está ganada. Pero si su propia
voluntad sale victoriosa a esa edad, será muy difícil de
doblegar después.

---

* Véase Friedrich Wilhelm Foerster: *Hauptaufgaben der Erziehung.* Friburgo,
1959, p. 69.

De una carta: En cuanto a la educación de los niños,
yo diría que en general soy cuidadoso con los extremos,
del péndulo que oscila de un lado a otro, de la dureza
a la suavidad, de la depresión a la euforia desmedida,
de un enfoque negativo a uno positivo que ya no ve
ningún problema real. Uno debe encontrar la manera
de afrontar todas las dificultades con paciencia, alegría
y claridad amorosa.

Como padres debemos superar la ilusión de que
nuestros hijos son buenos. Debemos tener cuidado
de no tener una visión demasiado optimista de ellos,
y no debemos ser susceptibles si alguien cuestiona su
comportamiento. Debemos amar tanto a nuestros hijos
que estemos dispuestos a luchar por sus almas.

De una carta: Dicen que se sienten totalmente
impotentes sobre el comportamiento difícil de su hijo.
Por favor, no se escondan detrás de esta excusa. Todos
somos impotentes y dependientes de Dios; ustedes no
son diferentes. Pero es un pecado darse por vencido
y alegar: «Somos incapaces». Como padres, ustedes
son llamados por Dios para ayudar a su hijo y amarlo,
pero también para luchar por él y ser firmes o incluso
estrictos cuando sea necesario. Lo principal es que
ganen el corazón de su hijo.

De una carta: Estás preocupada por el egoísmo de tus hijos, su egocentrismo e intranquilidad. Toma una posición firme en contra de estas cosas. Debido a que tus hijos quieren ser el centro de atención, se vuelven, tal como escribes, mandones, hipersensibles e irrespetuosos. Aléjate de la indulgencia que has confesado; pero no seas dura. Esa tampoco es la respuesta. Debes encontrar la firmeza apropiada en el amor de Dios. Él no tolera las cosas que dices. Les fallamos a nuestros hijos cuando nos dejamos mangonear por nuestros sentimientos y lazos emocionales.

De una carta: Te suplico que luches por tus hijos. No hay razón para desesperarse si uno falla una y otra vez. Simplemente debes seguir luchando. No se puede tolerar que un niño se eche a perder. Sé compasiva, sé estricta, sé gentil de nuevo. No siempre será placentero, pero tú eres responsable ante Dios por tus hijos.

De una carta: Quiero animarlos a tener paciencia con sus hijos. Un poco de rigidez hacia los niños es saludable, pero no la impaciencia. Que Dios nos dé corazones pacientes.

De una carta: Gracias por tu carta acerca de tu hijo. Su comportamiento es bastante normal para un niño de dos años de edad. En mi propia crianza, si mis

padres decían algo, entonces lo decían en serio, y no
había manera de evitarlo. Esto no quiere decir que
siempre fuimos obedientes a los dos años de edad.
Pero más tarde era impensable para nosotros desobe-
decer a nuestro padre o a nuestra madre. No eran
duros con nosotros, pero eran firmes, y no toleraban
la más mínima duda de la veracidad e importancia de
sus palabras.

De una carta: Gracias por tu carta en la que hablas
sobre los problemas que tienes con tu hijo de tres años
de edad. Los niños a esta corta edad necesitan una
mano espiritual segura. Los estallidos de rigidez no
son buenos para ellos, pero un liderazgo serio, firme y
amable les ayudará.

De una carta: Es muy natural que la situación difícil
con tu hija te duela. Sería poco natural que una madre
no sintiera tanto dolor. Pero úsalo para profundizar tu
fe en Dios, en Cristo y en la iglesia. Entonces podrás
encontrar la fe para tu hija y ayudarla.

Agustín, el místico, vivió una vida pecaminosa
cuando era joven, pero tenía una madre muy devota,
Mónica, que no dejó de creer y orar por él hasta que
se quebrantó y se arrepintió. Más tarde se convirtió
en un siervo de Cristo, y durante siglos ha influido
en las personas en su búsqueda de Dios. Te deseo la
fe de Mónica. Comienza con el dolor que ahora estás

sufriendo. A pesar de todo nuestro dolor, Dios siempre es más grande. Te saludo con mucho amor.

De una carta: No es una buena tendencia que en nuestro siglo se expliquen, de una manera puramente científica, misterios tan importantes de la vida como el nacimiento de un bebé. Incluso si podemos dar una explicación biológica, y aun si podemos explicar cómo crecen dos células en el vientre de la madre, es solo una verdad a medias. Las cosas más importantes —la llegada de un alma, la primera sonrisa, las capacidades del corazón humano y las riquezas que puede experimentar— nunca se pueden explicar. Estamos ante la realidad invisible de la eternidad.

Puede ser perjudicial para un niño contarle demasiado sobre el sexo, el nacimiento y la muerte, y se debe hacer todo lo posible para evitarlo. Definitivamente no queremos decir que los niños deben ser educados como mojigatos. Pero creemos que el nacimiento y la muerte existen solo en relación con el mundo celestial y deben ser explicados a los niños solo en relación con Dios.

A pesar de todo lo maravilloso sobre los niños, debemos reconocer que debido a que son humanos, han heredado una inclinación al pecado. Ya sea en

forma de mentiras, robos, falta de respeto por padres y
educadores, o impureza sexual, el mal debe combatirse
en cada niño.

Debemos tener cuidado de no malcriar a nuestros hijos, incluso desde una edad muy temprana.
Es perjudicial para el carácter de un niño criarlo con
indulgencia. La indulgencia es un signo de egoísmo, y
el egoísmo siempre conduce al pecado. La indulgencia
o condescendencia también puede surgir a través de
una relación emocional poco saludable entre un niño y
sus padres o educadores.

Cómo luchar contra el pecado en los niños es una
pregunta muy difícil. Por ejemplo, si hay indecencias, que comienzan sobre todo cuando los niños se
exponen a los demás, y en ocasiones se tocan entre
sí, el niño siente instintivamente que eso no está
bien. Estas indecencias casi siempre implican mentir.
Debemos tener cuidado de no hacer demasiado
notorias estas cosas entre los niños, ya que solo puede
llamar aún más su atención hacia el área sexual. Lo
mejor, tal vez, es darles un pequeño castigo y cerrar así
el asunto, y luego ayudarles a pensar en otras cosas.

Los adultos olvidamos con demasiada facilidad que
muchas cosas no significan lo mismo para un niño que
para nosotros, y nunca debemos proyectar nuestras
ideas, sentimientos y experiencias en la mente de un
niño. Tampoco debemos olvidar nunca que es natural,
en cierta manera, que los niños pasen por períodos
de curiosidad sexual. Esto no debe confundirse con
el pecado. Pero debemos guiar a nuestros hijos de tal

manera que sus almas sigan siendo puras e inocentes.
Un interrogatorio excesivo puede dañar a un niño,
porque a través del miedo puede llegar a enredarse cada
vez más en mentiras.

Es una gran injusticia etiquetar a los niños o
adolescentes, especialmente aquellos que han cometido
alguna ofensa en el área sexual. En nuestra evaluación
de las ofensas infantiles, debemos tener cuidado de no
llegar demasiado rápido a conclusiones severas sobre
el carácter de un niño y su desarrollo futuro. Más
bien, debemos ayudarlo a encontrar nuevos intereses y
comenzar de nuevo con alegría.

Sabemos que podemos encontrar el camino hacia
el corazón de cualquier niño apelando a su conciencia.
Todo niño tienen un anhelo instintivo en su corazón
por una conciencia pura, y debemos apoyar este
anhelo, porque sufrirá si su conciencia está agobiada.

Hay un cierto punto en el que un niño ya no es un
niño, en el verdadero sentido de la palabra. En el
momento en que peca conscientemente deja de ser un
niño. Entonces, la tarea de sus padres y maestros es
ayudarle a encontrar el arrepentimiento, la experiencia
de Jesús en la cruz y una conversión que lleve al perdón
de pecados. A través de la cruz se *puede* restaurar una
infancia perdida.

De una carta: No hay duda de que los niños son diferentes en su manera de aprender. Algunos niños aprenden más a través de la audición, otros a través de los sentimientos, otros a través de la vista, y así sucesivamente. Debemos tratar de ser justos con cada niño. No queremos empujar a todos los niños hacia una carrera académica; eso queda descartado. Lo primordial es que el niño esté rodeado de amor.

El trabajo académico debe y tiene que hacerse, pero ay de nosotros si se hace a expensas de la sencillez del corazón infantil, o del niño mismo. Es puro pecado la estúpida arrogancia de maestros, que se consideran a sí mismos y a otros de su preferencia como intelectualmente dotados, excluyendo a los demás. Debemos ser gobernados por Cristo, la cabeza del cuerpo. En él reside la sencillez, compasión y misericordia verdaderas.

De una carta a una niña pequeña: Para escuchar a Jesús cuando nos habla, es importante escuchar nuestros corazones. Cuando sentimos amor por Dios y por Jesús, por nuestro padre, madre, hermanos y hermanas, esa es la voz de Jesús.

Juventud   Es un privilegio guiar a los jóvenes a Jesús, para mostrarles lo maravilloso que es el mundo de Dios, a pesar de la terrible impureza, corrupción y oscuridad de nuestra época. Para los jóvenes es sobre todo importante que su reverencia por Dios y su respeto por sus padres nunca se apague, incluso si pecan conscientemente.

Los padres deben buscar una relación de confianza con sus hijos desde la primera infancia y no esperar hasta que surjan problemas, como a la edad de cinco o seis años. Si esperan demasiado tiempo, pueden ser capaces de conseguir una obediencia externa, pero no la respuesta interna y el respeto necesario para resolver problemas como la mentira, la indecencia y la desobediencia. Pero si se logra una relación de confianza y respeto, será imposible que un niño se resista a sus padres.

Algunos jóvenes atraviesan períodos de desarrollo más difíciles que otros, y debemos tener cuidado de no ser demasiado duros y críticos con ellos. Lo más importante es guiarlos al arrepentimiento, a la conversión y a la fe. No creo que esto se pueda lograr por medio de un fuerte castigo. Mientras haya incluso una pequeña llama de reverencia por Dios y por los padres dentro de ellos, el camino a sus corazones permanecerá abierto. Sin embargo, si la última chispa de reverencia se ha extinguido en una persona joven, solo se puede luchar por su conversión a través de la oración. Debemos recordar que la conversión jamás se puede lograr mediante la persuasión.

De una carta: Tu hijo es ahora un adolescente, y tienes una gran responsabilidad. Yo le diría que los poderes magnéticos de atracción entre chicos y chicas son muy naturales, pero que deben ser gobernados por Dios y reservados para la única persona que Dios podría darle más adelante en el matrimonio. También le puedes contar sobre la relación física entre marido y mujer. Creo que ya has puesto una buena base para su conocimiento de los hechos de la vida, pero en la escuela preuniversitaria* escuchará mucho sobre estas cosas, y es mejor que primero lo escuche de ti.

De una carta: Yo le hablaría clara y abiertamente a tu hijo sobre los cambios físicos que van a ocurrir, y le diría que si mantiene su cuerpo puro ahora, no va a ser difícil en su vida más adelante. Si no es capaz de mantenerse puro ahora, tendrá una dura lucha después. También le diría que el sexo es solo para el matrimonio. No hay otro lugar para eso, y debe mantenerse puro para la joven que Dios podría darle algún día. Puede que no sea fácil poner esto en palabras, todo lo que digas debe ser dicho a la luz de Dios y con reverencia por él. Pero estoy seguro de que te mostrará la manera apropiada.

---

* Se ha optado por usar «escuela preuniversitaria» como equivalente a la *high school* estadounidense (N. del T.).

Mi padre siempre tuvo un corazón abierto para los jóvenes, pero nunca hizo concesiones a lo mundano o al erotismo. Tener un gran corazón nunca implica hacer concesiones al diablo.

De una carta a un joven de 17 años de edad: Querido hermano, me alegro de que quieras comenzar de nuevo. Creo que has sido un joven muy orgulloso. Lee el Antiguo y el Nuevo Testamento, y verás cómo el orgullo impide que Dios hable al hombre y obre en él. Tu vida diaria ha girado en torno a ti mismo, aunque le agradezco a Dios que ahora quieras alejarte de tu egocentrismo. Sé un ejemplo de consagración y humildad, y sé testigo de Jesús en la escuela preuniversitaria. Esto es algo muy necesario en nuestros tiempos.

Mt 16:26 LBLA

De una carta: A menudo pienso en las palabras de Jesús: «¿Qué provecho obtendrá un hombre si gana el mundo entero, pero pierde su alma?», especialmente cuando veo lo que le enseñan a nuestra juventud actual en el área de la psicología. Temo por sus almas. Lo que me inquieta es que los instintos más bajos del individuo se ponen en el centro, y se ven como inofensivos simplemente porque son naturales. Es algo terrible enseñarle a la gente sobre el alma humana, sin enseñarle acerca de su relación con Dios.

De una carta a una niña con discapacidad: Tienes
un cuerpo débil, pero un alma que vive. Gracias a
Dios por esto. Hay muchas personas en este mundo
que tienen un cuerpo fuerte y un alma apagada. En
realidad, todas las personas, aunque sean fuertes y saludables, dependen de Dios y de Jesús. Solo que a veces
no se dan cuenta. Lo maravilloso es que tú lo sabes.
Aférrate con firmeza a esto, y Jesús te guiará a través de
todas las cosas.

De una carta: Nunca eres demasiado joven para dar
tu vida a Jesús, y nunca eres demasiado joven para
sentir su cercanía. Estoy agradecido de que quieras
entregar todo a Dios y quieras ser humilde. Aférrate
a este anhelo en medio de todas las luchas, sin duda
las experimentarás en tu vida, porque no hay vida de
discipulado sin necesidad ni lucha. Te deseo la protección de Dios en todo lo que vas a vivir. Que las manos
traspasadas de Jesús te sostengan firmemente mientras
te aferras con firmeza a él.

De una carta: Tienes razón; lo principal no es unirse a
nuestra iglesia, sino seguir a Cristo. Si tienes claro esto,
Dios te mostrará la mejor manera de hacerlo. Nosotros
te apoyaremos, aunque tu camino no sea el camino de
la comunidad.

De una carta: Pensar solo en la infinita paciencia y perdón de Dios lo convierte en algo muy diferente de quien es en realidad. Debemos temer a Dios: es terrible caer en sus manos. Tu idea de Dios no corresponde a Dios; es la herramienta de una joven mujer insolente. Has estado manejando tu propia vida. Yo te ruego que tengas reverencia por la ira de Dios.

De una carta: Es bueno darse cuenta de que seguir a Jesús puede costar mucho sufrimiento, y quizá hasta la muerte por su causa. En este sentido debes tomar una postura contra el mal que encuentras en el mundo, también en la escuela preuniversitaria. Entiendo muy bien que hay muchas cosas que te tientan, sobre todo en el área de la impureza. Pero si tomas una posición por Jesús, su luz clara te hará sentir repugnancia por todo pecado. Que Jesús te guíe cada día y que nunca te apartes de su voluntad.

De una carta a un niño de 13 años de edad: Ya a la edad que tienes hay que tomar una decisión en favor o en contra de Jesús. Si no te decides por él, decidirás estar en su contra. Esto es simplemente un hecho; tienes que decidir de qué lado estás.

Jn 10:14–15 *De una carta a un estudiante universitario:* Jesús dice que él es el buen pastor y que sus ovejas lo conocen y

conocen su voz. Tú perteneces a su rebaño, y espero
que encuentres momentos de silencio para escuchar
su voz y renovar tu interior. Sé que hay muchas cosas
en la ciudad que te distraen y te cansan, incluyendo
las muchas horas que tienes que trabajar todos los
días. Pero lo cierto es que tu vida espiritual es más
importante que obtener un título, incluso si ya estás
muy cerca de alcanzar esa meta. Te animo a perseverar. Es bueno para el carácter de uno persistir en
algo hasta el final.

**Vínculos
familiares**

Ef 5:22–23

Ap 2:16, 23

Cristo dio su vida por la iglesia, la ama profundamente. Pero también es el Salvador de la iglesia y la
iglesia está sujeta a él. En el matrimonio, la novia se
compara a la iglesia y el novio a Cristo. Cristo ama
a su iglesia no solo con palabras amables, también la
disciplina con firmeza. Debemos tener cuidado de que
ningún blando sentimentalismo tenga lugar en nuestra
vida familiar, ya sea entre marido y mujer o entre
padres e hijos. El sentimentalismo arruina la claridad
de la semejanza a Cristo en una relación.

De una carta: Entiendo tu lucha por cumplir el
mandamiento de honrar a tu padre y a tu madre.
Escribes que amas mucho a tu padre, y eso es lo más
importante, que es lo mismo que honrarle. Pero el
hecho de que tengas que desaprobar sus caminos
también es justo y verdadero ante Dios. Jesús dice:

Lc 14:26 LBLA «Si alguno viene a mí, y no aborrece a su padre y
madre, a su mujer e hijos, a sus hermanos y hermanas,
y aun hasta su propia vida, no puede ser mi discípulo».
La palabra «aborrecer» no debe escandalizarte. Jesús
no enseña el odio. Aquí «aborrecer» significa tomar
una postura en contra de algo malo o equivocado. Si
aceptas tanto este pasaje como el mandamiento de
Éx 20:12 «Honra a tu padre y tu madre» como guía, creo que
encontrarás la actitud apropiada hacia tu padre y
tu madre.

La demanda de santidad de Jesús alcanza incluso a las
Mt 10:37–38 LBLA relaciones familiares más cercanas. Él dice: «El que ama
al padre o a la madre más que a mí, no es digno de
mí; y el que ama al hijo o a la hija más que a mí, no es
digno de mí. Y el que no toma su cruz y sigue en pos
de mí, no es digno de mí». Si queremos ser discípulos de Jesús, debemos tomar en serio estas palabras.
Mt 10:39 DHH Jesús también dice: «El que trate de salvar su vida, la
perderá, pero el que pierda su vida por causa mía, la
salvará». Así que si nos perdemos completamente por
causa de Jesús, ganaremos la vida eterna. Pero si nos
aferramos a nuestras propias ideas e ideales, a nuestra
propiedad, familia o hijos, vamos a perderlo todo.

De una carta: Creo que te has atado demasiado a
tus hijos adultos, lo cual también ha causado división

entre tú y tu marido. Tus hijas no eran libres ante Dios.
Los padres deben dar libertad a sus hijos desde que
son pequeños, pero más todavía cuando han crecido.
No me refiero a la libertad de hacer el mal, sino a la
libertad de todos los lazos emocionales que los atan de
una manera equivocada al padre y a la madre.

Necesitamos aprender el significado de las palabras de
Jesús: «Si alguno viene a mí, y no aborrece a su padre y
madre, a su mujer e hijos, a sus hermanos y hermanas,
y aun hasta su propia vida, no puede ser mi discípulo».
Jesús no se refiere a un sentimiento de odio; el Nuevo
Testamento dice: «Todo el que odia a su hermano es
un asesino». Jesús quiere decir que debemos ponerlo
en primer lugar, por encima de los lazos emocionales
de la vida familiar. A menudo, estos lazos emocionales
se mezclan con el materialismo, aunque no siempre.
Debemos ser firmes con nosotros mismos y tomar la
posición decisiva de Cristo. Está claro que una familia
sin amor es impía, pero una familia dominada por
emociones ambiguas de lazos de sangre no tendrá amor
a Dios y a Cristo. Amémonos unos a otros solamente
con el amor de Cristo y el amor del Espíritu Santo.
Entonces los lazos dados por Dios entre el padre, la
madre y los hijos tendrán su bendición.

Lc 14:26 LBLA

1Jn 3:15

Enfermedad y muerte

De una carta: Toda enfermedad es una forma de maldad, pero tenemos que aceptarla como de la mano de Dios. Es una paradoja, una paradoja que también podemos ver en la cruz. La cruz fue el camino de Dios para redimir al hombre, pero también fue una obra del diablo.

De una carta: Puedo entender bien el temor que sientes por tu próxima operación; yo también tendría temor. Pero creo que estás en las manos de Dios y que él entiende tu temor. En la Biblia hay incontables versículos alentadores que nos dicen que no temamos sino que permanezcamos firmes en Dios. Eso es lo que deseo para ti. Entrega tu vida confiadamente en sus manos.

Jn 14:1–4

De una carta: Te aconsejo que no te preocupes tanto por tu salud. Enloquecería a la persona más sana sentir todo el tiempo su pulso o escuchar los latidos de su corazón. La verdadera cuestión es tu miedo a la muerte y lo desconocido. Lo más probable es que todavía vivas varias décadas. Pero tendrás que encarar la cuestión de la eternidad. Todos debemos vivir la vida de modo que podamos afrontar la eternidad en cualquier momento. Poco antes de morir, mi tía parecía vislumbrar la eternidad y dijo: «¡Es tan maravilloso, tan maravilloso!

Es mucho más real que la vida aquí en la tierra». Esta actitud fue la culminación de una vida consagrada. Te deseo eso y te saludo con amor.

De una carta: Escribes que pareces estar empeorando físicamente. Pero creo que Jesús te ayudará con su amor y su poder, si no a través de la sanación física, entonces al darte paz interior y gozo para soportar tu enfermedad. Doy gracias a Dios porque siempre puedes encontrar la paz interior al volverte a Jesús. Es un don que puedas ver tu necesidad como algo pequeño, al menos ante la necesidad de todo el mundo. Este reconocimiento solo puede venir de Dios. Oro por fortaleza y guía para ti.

De una carta: No caigas presa de tus pensamientos oscuros y temerosos. Si tienes miedo de todo —miedo de ti, de tu debilidad, tu pecaminosidad, miedo de otras personas, miedo de cometer errores, y de tantas otras cosas— tu alma se enfermará.

Tienes razón al decir: «La única sanación verdadera es la fe en Jesús». ¡Qué maravillosa es esta verdad! En Jesús se desvanecen todos los temores. Aférrate a esto.

Stg 5:14–16 Santiago escribe que si alguien está gravemente enfermo, debe llamar a los ancianos de la iglesia, y deben orar por él y ungirlo con aceite en el nombre del

Señor. También escribe al respecto: «Confiésense unos
a otros sus pecados, y oren unos por otros, para que
sean sanados. La oración del justo es poderosa
y eficaz».

En este sentido intercedemos por alguien que está
muy enfermo con la imposición de manos, ungiéndolo
para darle todo nuestro apoyo espiritual y nuestro
pleno perdón, si hay algo que perdonar. No importa
cuán grave sea su enfermedad, su vida está en los
brazos de Dios y de la iglesia.

De una carta: ¿Qué debemos hacer para recibir el

1Co 12:9 don de sanación? En 1 Corintios 12 dice claramente
que el don de sanación se da a la iglesia, aunque no a
cada miembro. La condición para recibir un don tan
grande es la pobreza espiritual y un corazón puro ante
Dios. Así que, si no hemos recibido el don de sanación, es muy posible que sea nuestra propia culpa. Pero
también podría ser que no sea la voluntad de Dios.

El poderoso don de sanación que Dios les dio a los
Blumhardt* fue extraordinario. Sin embargo, al final
de su vida Blumhardt, el hijo, dejó cada vez más
de ejercer el uso de este don, porque sentía que
Dios ya no estaba siendo honrado en las sanaciones

---

* Johann Christoph Blumhardt (1805–1880), pastor, autor y teólogo del sur
de Alemania; Christoph Friedrich Blumhardt (1842–1919), su hijo y sucesor.

milagrosas que estaban ocurriendo. Las personas eran sanadas, pero solo en el cuerpo. Y después hablaban y se jactaban de su sanación. Algunos incluso eran honrados y glorificados por eso. Blumhardt creía que a menos que la sanación estuviera acompañada de arrepentimiento, Dios ya no podía obrar a través de él.

La actitud de Blumhardt nos debería desafiar: cuando Dios nos da un don, quiere que lo aceptemos con humildad y discreción. Si nos da la gracia de la sanación, nosotros no debemos ser honrados; Dios debe ser honrado.

Blumhardt a menudo advertía: «Cuando recibas la gracia, mantenla en secreto entre tú y Dios, y no hagas de ella un espectáculo religioso. Actúa con naturalidad y honra a Dios». También enfatizó que la sanación no es lo más importante; la enfermedad no es pecado. Es más importante dar la vida a Dios, incluso si se está enfermo, que ser sanado y luego olvidarse de Dios. «Si Dios te sana, regocíjate, pero sé igual de alegre en la enfermedad.»

De una carta: En estos últimos días Dios nos ha hablado a todos mediante la repentina muerte en tu familia. Queremos sobrellevar contigo tu dolor. Sé que no va a desaparecer rápidamente. Pero puede ser la voluntad de Dios que no lo haga. El dolor profundiza algo en el corazón y en la vida de uno.

Después de la muerte de un bebé: Es muy difícil entender por qué Dios envía una vida humana para vivir en la tierra tan solo una hora. Estamos aquí ante un misterio que solo Dios entiende. Podemos preguntar: «¿Por qué ocurrió esto? ¿Por qué? ¿Por qué?». Solo Dios lo sabe. Y creemos en él y en su Hijo, el buen pastor, también por los pequeños corderos como este recién nacido.

Poco antes de la muerte de la hija del autor: Simplemente no sabemos cuál es la voluntad de Dios —si esta niña está destinada para la vida o no— pero sí sabemos que si es su voluntad, la niña estará sana. Lo siento como una promesa, después de que los médicos han dicho que no pueden hacer nada, que si creemos, Jesucristo puede hacer cualquier cosa. De alguna manera, a través de esta pequeñita, se manifestará la voluntad y la misericordia de Dios. Solo cuando el hombre deja de ser capaz de hacer algo, puede comenzar la obra de Cristo. Él puede obrar solo cuando le damos nuestra confianza y nuestra fe por completo y sin reservas. No debemos depender de nada material o externo, ni del dinero ni de los médicos, sino solamente de Jesucristo.

Después de la muerte de la hija del autor: La muerte es destrucción; la muerte es división y separación. Pero Jesús une, y la vida perfecta significa unidad perfecta. Donde Jesús está obrando se crea la unidad. Por lo tanto, desafiamos a todos a participar en esta unidad. Los que no se reúnen, se dispersan y separan, y los que se separan y destruyen sirven a la muerte. Pero los que se unen sirven a Jesús, y un día los reunirá en la eternidad.

De una carta: Querida hermana, puedo entender bien que todavía sufres por la pérdida de tu padre. Nunca es fácil enfrentar la muerte y la necesidad que conlleva; la muerte es enemiga de Dios y será derrotada solo en la resurrección final.

Pero también debemos ver que para los que han seguido a Cristo, la muerte significa cercanía con él. Es comprensible que el pensamiento de la eternidad te conmocione. Pero no debes mirar temerosamente al futuro. Entrégale todo a Jesús.

De una carta: Lamento mucho que tengas que soportar una pérdida tan grande. Una experiencia dolorosa como esta, la muerte de tu hijo, siempre nos recuerda que esta tierra todavía no es plenamente nuestro hogar, ni lo será hasta que Jesucristo sea su único soberano; y el pecado, la muerte, el miedo y el dolor sean derrotados y vencidos por completo. Pero, hasta ese día —el más grande de todos los días—, podemos estar seguros de que tu hijo y todos los niños están en las manos de Jesús.

Con respecto a la pregunta de orar por alguien que ha muerto, tengo que admitir que no sé cuál es la respuesta correcta. No sé si estás familiarizado con el siguiente pasaje del Evangelio de Juan, o si alguna vez lo has aceptado en tu corazón. Dice así:

Jn 5:24–28   Ciertamente les aseguro que el que oye mi palabra y cree al que me envió, tiene vida eterna y no será juzgado, sino que ha pasado de la muerte a la vida. Ciertamente les aseguro que ya viene la hora, y ha llegado ya, en que los muertos oirán la voz del Hijo de Dios, y los que la oigan vivirán. Porque así como el Padre tiene vida en sí mismo, así también ha concedido al Hijo el tener vida en sí mismo, y le ha dado autoridad para juzgar, puesto que es el Hijo del hombre. No se asombren de esto, porque viene la hora en que todos los que están en los sepulcros oirán su voz.

Lee este pasaje y considéralo profundamente ante Dios. Quizá te mostrará la profundidad de su amor.

Todos los seres humanos temen a la muerte. Pero Cristo promete algo que vence a la muerte y perdura por toda la eternidad: su amor eterno. Aquí hay algo que llega a las profundidades del ser y a los caminos futuros del perdón —incluso a pesar de la muerte física— y nos conduce al reino de Dios.

Nuestra oración diaria es que experimentemos a Jesús morando en nosotros. Pero también sabemos que él se sienta a la diestra del Padre y reina sobre mundos angelicales, poderes y principados, así como sobre su iglesia. Solo podemos tener una idea de la grandeza supercósmica de estas realidades misteriosas.

En su despedida, Jesús les dijo a sus discípulos que
Jn 14:2
iba a preparar un lugar para ellos. Sigue siendo un misterio asombroso lo que es ese lugar, y lo que está sucediendo allí en la eternidad, en los mundos celestiales y angelicales, y entre las almas que han muerto en
Hch 7:55
Cristo. Cuando Esteban estaba siendo apedreado, vio los cielos abiertos y a Jesús de pie a la diestra de Dios,
Ap 1:14
y posteriormente Juan vio a Jesús con los ojos resplandecientes. Creo que cuando Jesús venga de nuevo, nosotros también lo veremos en persona.

La relación básica del individuo con Dios, de la cual todas las demás relaciones son meras semejanzas, es más fuerte que cualquier relación humana. En última instancia, estamos ante Dios. Esto se muestra más claramente cuando una persona se enfrenta a la muerte. Cualquiera que haya estado junto a la cama de una persona moribunda, sabe cuán absoluta es en su significado la relación interior de la persona y su vínculo original con Dios; se da cuenta de que al final, cuando da su último suspiro, esta relación es lo *único* que cuenta.

Por los Evangelios sabemos que amar a Dios no se
puede separar del amor a nuestro prójimo. El camino
del ser humano a Dios es a través de su hermano. Yo
mismo he experimentado, junto a lechos de muerte,
que si una persona vive completamente para sus semejantes, entonces Dios también estará muy cerca en su
hora final.

De una carta: El hecho de que su hijo haya tenido
que soportar tanto dolor y sufrimiento, desde su niñez,
sin duda será de gran importancia para toda su vida, y
también para la de ustedes. Que los niños tengan que
sufrir es muy extraño. Es como si estuvieran llevando
la culpa de otra persona, como si estuvieran sufriendo
debido a la caída de la creación. En cierto modo,
parecen estar pagando el precio del pecado, pecado en
el cual no han participado. Muchas veces he pensado
sobre esto, y creo que tal vez el sufrimiento de los
niños tiene una estrecha relación con el mayor sufrimiento que jamás se ha padecido: el sufrimiento de
Dios, el sufrimiento de Cristo por la creación perdida.
Porque ellos están más cerca al corazón de Jesús, los
señala como un ejemplo para nosotros. Por eso creo
que el sufrimiento de un niño inocente siempre tiene
un gran significado para la iglesia.

En los momentos de sufrimiento, lo más importante
es mantener y proteger la alegría interior, que es Jesús,
el resucitado. Entonces su poder, que es el poder de la
luz, también será el poder de la sanación.

La lucha de cualquier individuo contra la enfermedad o la muerte nos muestra la lucha en la que todos nos ubicamos: la lucha contra las tinieblas. Cuando un ataque de las tinieblas venga sobre nosotros, debemos ponernos totalmente del lado de la luz de Jesús. No debemos desesperarnos cuando cesa la fuerza humana, porque es justo en ese momento que Cristo puede comenzar. Como leemos en el Evangelio de Juan:

Jn 12:35
«Ustedes van a tener la luz solo un poco más de tiempo —les dijo Jesús—. Caminen mientras tienen la luz, antes de que los envuelvan las tinieblas».

El mal y las tinieblas

Vivimos en una época en que mucha gente menosprecia el mal o no cree que exista en absoluto. Por eso no entienden ni la grandeza del Gólgota, ni la importancia del juicio final de Dios. Este juicio, que se describe en el Apocalipsis de Juan, no se puede entender a menos que comprendamos el poder del mal. Si el mal no se ve como algo especialmente grave, entonces no hay necesidad de emprender una ardua lucha en su contra.

La cruz no habría sido necesaria si el poder del mal no fuera tan terrible. He escuchado a gente preguntar: «¿Por qué Dios no podría perdonar el pecado sin el sacrificio de Jesús?». Esta es una pregunta tentadora, pero una vez que reconozcamos el inmenso poder del mal que Dios tuvo que combatir, sabremos que no hay perdón sin la cruz.

Hay personas que tratan de entender las profundidades y los secretos de Satanás, o que tratan de descubrir la fuente del mal. Desde luego, esto es comprensible, pero no es piadoso. Los corazones de demasiadas personas están agobiados y afligidos con lo que han aprendido sobre el asesinato, la fornicación y otros males en nuestra sociedad. Un cristiano verdadero debe ser un niño hacia el mal y no tener experiencia en sus secretos.

El hombre moderno piensa de manera demasiado materialista; no ve que independiente de él existe un poder del bien y un poder del mal, y que el curso de su vida depende del poder hacia el cual abre su corazón.

Cuando era joven viví en la Alemania nazi, y allí conocí gente que en realidad era bastante inofensiva, pero que fue atrapada y manejada por algo muy malvado. Y a pesar de que había muchos —más de los que sabemos— que murieron protestando contra ese mal, la mayoría sucumbió ante él. No eran solo unos pocos hombres los que gobernaban una nación; Alemania estaba dominada por poderes espirituales de maldad o demonios.

Creemos que hoy, como en el tiempo de Cristo, los demonios pueden ser expulsados y echados fuera, y que cuando Cristo regrese a la tierra todas las personas vivirán en completa libertad, aunque ciertamente el juicio debe tener lugar primero.

Nos encontramos con el ocultismo una y otra vez, sobre todo en universidades y escuelas preuniversitarias. Sin embargo, rechazamos rotundamente cualquier forma de contacto con los poderes demoníacos, y también advertimos a nuestros hijos contra tales contactos. Hay cosas de Satanás de las que no debemos saber nada. Mejor dicho, debemos ser ignorantes de esas cosas. Simplemente no queremos saber nada de ellas. Hoy en día, el ocultismo a menudo se considera

solo como otra ciencia para estudiar. Pero no queremos
tener nada que ver con eso.

Una persona que vive en Jesús una vida sin malicia
no debe temer a la posesión por un espíritu maligno.
Por otro lado, alguien que ha practicado la magia o la
hechicería tiene razón para tener miedo. Rechazamos
incluso las formas más «inofensivas» del espiritismo, al
igual que las prácticas supersticiosas, como el uso de
amuletos, tablas güija o hablar con los muertos. Estas
cosas pueden empezar inocentemente, pero pueden
atar a una persona a Satanás sin darse cuenta. No
tienen nada que ver con una fe sencilla en Jesús.

Pedimos el juicio de Dios para que irrumpa su luz.
Mientras más fuerte irrumpa su luz, con mayor fuerza
arderá el amor de su Hijo unigénito en nuestros
corazones, y con mayor claridad se revelará su verdad.
Cuando Jesús se acerca y toca a las personas con su luz,
significa juicio, además de libertad y redención. Todas
las dudas, todas las cosas que encadenan y agobian a las
personas, todos los pecados que las mantienen some-
tidas, reciben ese toque y las personas quedan libres.
Esta liberación y redención, logradas por la irrupción
de la luz de Cristo, se brinda a todo el mundo, como
también la fe traída por él. Porque Cristo dijo que no
vino a juzgar al mundo, sino a salvarlo.

Ap 22:15

Jn 12:47

Cristo quiere que los que están más oprimidos y desconsolados se vuelvan a la luz y sean salvos. Solo aquellos que están más destrozados, que se sientan más indignos y agobiados, deben dejarse tocar y cambiar por el gran amor de Dios. Y una vez que lo sientan, sabrán que han sido incluidos y liberados por él. Son los mismos que Jesús recibió: malhechores, recaudadores de impuestos, prostitutas, los despreciados por

Mt 8:16–17

Mt 9:9–12

los hombres. Él no criticó a los que estaban poseídos; los liberó. Pero su liberación fue juicio, porque las tinieblas se manifestaron y fueron expulsadas. El mal de ninguna manera se ignoró, pero las personas quedaron libres de él.

De una carta: Hasta que Jesús regrese y nos libere por completo, siempre vamos a tener que luchar contra el pecado en esta tierra. Esta lucha es en primer lugar una lucha contra la naturaleza inferior. En segundo lugar, es una batalla de espíritus, una batalla en contra de Satanás y sus demonios. Tu caída no fue solo un asunto de tu naturaleza inferior; también era satánica. La Biblia dice que cuando Judas traicionó a Jesús:

Lc 22:3 NBLH

«Entonces Satanás entró en Judas». No me atrevería a decir esto acerca de ti, pero creo que tu situación tiende en esa dirección. No creo que Satanás pudiera haber entrado en Judas si primero Judas no se hubiera vendido a él. Judas ya había ido al sumo sacerdote; ya había aceptado las monedas de plata cuando fue a la cena pascual con Jesús, donde Satanás entró en él.

Incluso si esta comparación es demasiado fuerte
para aplicarla a ti, abriste tu corazón a los poderes
malignos. ¿Dónde y cuándo empezó esto? No olvides
que el arrepentimiento verdadero es una experiencia
maravillosa, no es de temer. Si experimentas un arrepentimiento verdadero, estarás agradecido por ello
toda tu vida.

Es horrible que el hombre, que fue creado a imagen de
Dios, haya construido bombas que tienen el poder de
aniquilar a millones de personas en muy poco tiempo.
¡Debemos arrepentirnos! El hecho de que nuestro país
tenga esas armas nos demuestra la necesidad de dedi-
carnos a algo completamente diferente. Para algunas
personas podría significar la política: trabajar y luchar
por la elección de ciudadanos responsables que nunca
usarían estas armas. Tenemos un gran respeto por esto.
Pero nuestra oposición debe ser mucho más profunda.
El espíritu que impulsa a los hombres a construir
armas es malvado, y solo podemos combatirlo viviendo
para el buen espíritu.

Ef. 6:12

No podemos seguir el camino de Jesús sin un cambio
personal. Por ejemplo, si declaramos que lo seguimos,
pero vivimos en la impureza, entonces no tenemos
derecho a hablar en contra de cosas como la injusticia.
No estamos luchando contra carne y sangre —gente

Lc 8:30

buena contra gente malvada— sino contra poderes y
principados de las tinieblas.

Si cometemos un acto pecaminoso, le damos
lugar a un demonio malvado en nuestra propia vida
y su entorno. Tenemos que ser realistas: el mal no
es algo abstracto. En la Biblia, algunos demonios
incluso tienen nombres. No hay excusa para nadie,
especialmente para alguien que afirma ser un cristiano
comprometido, para dar lugar a los demonios o para
servirles en cualquier forma. Si lo hace, no solo le harán
daño a él mismo, sino a la comunidad que lo rodea.

Ef 5:25

De una carta: La vida de la iglesia es algo extremadamente valioso e importante para Jesús. Por ello el
peligro de que Satanás ataque el alma de la iglesia
es constante y muy grande. Blumhardt* escribe que
cuando Jesús fue comisionado por el Padre celestial
para dar a luz a hijos de la luz, él previó que Satanás lo
seguiría y produciría hijos del mal, y que estos hijos del
mal florecerían incluso dentro de la iglesia de Cristo en
la tierra donde solo los hijos de la luz deberían crecer.
Eso es muy terrible, pero es algo que tenemos que
enfrentar. Es más probable que suceda cuando el poder
humano usurpa el lugar donde solo el poder de Cristo
debe gobernar.

---

* Johann Christoph Blumhardt (1805–1880), pastor, autor y teólogo del sur
de Alemania; Christoph Friedrich Blumhardt (1842–1919), su hijo y sucesor.

Mr 14:62 Jesús dijo: «Y ustedes verán al Hijo del hombre sentado a la derecha del Todopoderoso». Llama a su padre «Todopoderoso». Esa es la realidad suprema, una realidad mucho mayor que nuestra vida mortal. Si tenemos miedo del maligno (y ese temor puede ser muy real) siempre podemos confiar en Jesús. Él también es real. Está en el corazón del trono de Dios. Col 1:15–20 Él *es* el corazón de la iglesia, la cabeza de la iglesia, y entiende nuestros corazones, que nosotros mismos no entendemos.

Es un gran error pensar que podemos entender nuestros propios corazones. Podemos entendernos a nosotros mismos de manera superficial, pero solo Dios conoce realmente nuestros corazones. Por lo tanto, aunque suframos las tentaciones más severas, las pruebas y los ataques del maligno, siempre podemos recurrir a Dios con confianza y grandes esperanzas de victoria.

La paz solo se encuentra en el crucificado. Ni siquiera la iglesia unida es suficiente. El único lugar donde podemos encontrar paz y descanso es el Gólgota. Nosotros no podemos quitar el pecado de un acto de asesinato o de adulterio. La única manera de liberarnos de las tinieblas es recurrir a la luz, confesar nuestros pecados y acudir a la cruz. Allí, como leemos en el Ap 7:14 Apocalipsis, la sangre de Cristo puede limpiarnos.

De una carta: He escuchado tu desesperado grito de
ayuda, y te comprendo muy bien. Tus pensamientos te
asustan tanto que ganan poder sobre ti. Debes apar-
tarte de ese temor. A través de él, tú mismo sugieres
estos pensamientos a tu corazón, pues luego entran
en ti temores, ansiedades y necesidades todavía más
desesperadas y terribles.

No dejes que tus miedos te sacudan. Si puedes
dejarlos y confiar en Dios, muchas cosas serán diferentes. Nunca dudes de la ayuda y la intervención de
Dios. Te aseguro que te ama y que está mucho más
cerca de ti de lo que crees.

Mt 28:20

Jesús nos promete que siempre estará con nosotros, hasta el fin de los tiempos. Pero no debemos
subestimar los poderes oscuros de impureza, codicia,
avaricia, asesinato, odio, rencor y falta de perdón que
nos rodean, que atacan a los hermanos y hermanas en

Mt 16:18

la iglesia. Jesús debe haber previsto que la iglesia sería
atacada por los poderes del infierno, porque le dijo
a Pedro que estos poderes no prevalecerían contra la
iglesia. Necesitamos velar y orar todo el tiempo.

Junto con el resto de la humanidad que sufre, anhelamos que la red demoníaca que todavía cubre la tierra
sea quebrantada, aunque signifique una gran conmo-
ción. Creemos que *será* erradicada en el tiempo de
Dios mediante la irrupción de su reino.

La lucha

Los poderes invisibles que nos rodean a los humanos en la tierra pueden traer enormes sufrimientos o grandes alegrías. Hay poderes de Dios que traen paz, justicia, alegría, perdón de pecados y comunidad. Estos poderes se encarnan en Jesucristo. Pero también hay poderes malos de asesinato, envidia, ambición e injusticia. Ellos también son invisibles, pero una vez que se apoderan del alma de una persona la empujan a cometer actos visibles de maldad. Debemos entender que los poderes de los que estamos hablando no son abstractos solo porque sean invisibles. Se trata de algo absolutamente real, no de una filosofía o una enseñanza, sino de poderes de las tinieblas y de la luz, del bien y del mal, de destrucción y de unidad; son poderes que quieren matar y poderes que quieren darnos vida.

Lc 11:15 NTV

Lc 11:18 NTV

Cuando Jesús expulsó los demonios de las personas que estaban poseídas, sanó sus almas y corazones. Sus enemigos dijeron: «Con razón puede expulsar demonios. Él recibe su poder de Satanás, el príncipe de los demonios». Pero Jesús les respondió: «Ustedes dicen que mi poder proviene de Satanás, pero si Satanás está dividido y pelea contra sí mismo, ¿cómo puede sobrevivir su reino?». El ejército del diablo es muy disciplinado: sabe cómo atacar un alma, un grupo de gente unida, o incluso una nación.

Por el evangelio sabemos que toda la tierra es un
campo de batalla entre Dios y el diablo, y también lo
es cada corazón humano. Simplemente debemos tener
en cuenta que el diablo se pondrá furioso, cuando dos
o tres o más estén completamente unidos en Jesús.
Nunca hubo una batalla más feroz entre Dios y
Satanás que la librada por Jesús en el Gólgota. Incluso
a Jesús le parecía que Dios lo había abandonado. Pero,
a pesar de eso, puso su alma y espíritu con confianza
en las manos del Padre. Entonces se ganó la victoria,
no solo para esta tierra, sino para todos los poderes,
principados y ángeles.

De una carta: Nuestra lucha no es contra carne y
sangre, ni contra las personas; se trata de una lucha por
la atmósfera de la verdadera iglesia, por la atmósfera
de Dios en cada una de nuestras comunidades, y en el
corazón de cada hermano y hermana. Todos pasamos
por dolor y juicio, pero esto no debería ser el final; el
juicio es solo el comienzo de una nueva alegría, esperanza y victoria de redención. Nos debe liberar para el
amor, para el servicio y para Dios.

La atmósfera en cualquier iglesia debe renovarse
continuamente para convertirse en una atmósfera de
amor, pureza, y todo lo demás que Jesús representó.
Solo entonces el amor puede fluir desde nosotros hacia
toda la gente. Debemos orar y luchar por esto una y
otra vez.

La idea de que Jesús trajo una nueva filosofía o fundó
una religión es completamente falsa. Su persona, su
espíritu, su causa, su sanación, no es una filosofía como
la de los griegos o los egipcios. Él era y es una persona,
y es él mismo que se encuentra con nosotros. Me

Jn 6:53

encantan las palabras: «si no comen la carne del Hijo
del hombre ni beben su sangre, no tienen realmente
vida». Esa no es la filosofía de un gran hombre; es
Jesús mismo.

Nadie puede ser indiferente a Jesús. Hay que
decidirse por él o contra él. El hecho de que seamos
pecadores no nos impide llegar a Jesús. Tampoco el
hecho de ser tentados nos impide llegar a él. Incluso
si el maligno nos atormenta, eso no lo va a impedir.
Pero no podemos tolerar la indiferencia hacia Jesús, y
tampoco podemos tolerar ningún esfuerzo humano
por interpretarlo. Si experimentamos —no en nuestra
mente, sino en nuestro corazón— el significado de

Jn 1:29

las palabras: «¡Aquí tienen al Cordero de Dios, que

Heb 9:15

quita el pecado del mundo!» o «él ha muerto para libe-
rarlos de los pecados», veremos que no es una filosofía,
sino vida.

Necesitamos experimentar a Jesús en su altura,
anchura y profundidad. Y debemos comprender la
cruz, que se mantuvo firme y sigue en pie, en un
sentido espiritual. Llega hasta el cielo, hasta el trono
de Dios y sus brazos extendidos todavía están allí para
la humanidad perdida.

De una carta: Hermanos y hermanas, estemos bien despiertos, porque siempre que Dios quiere hacer algo bueno entre los seres humanos, el diablo hace todo lo posible por destruirlo. Piensen en la tentación de Jesús después de su bautismo: fue tentado por el diablo, porque su corazón era muy puro y porque pertenecía completamente a Dios.

Nada es más molesto para el príncipe de este mundo que una iglesia en su primer amor. En el Apocalipsis, podemos leer cómo ya en tiempos de Juan el diablo logró dañar a la iglesia. Esto sucedió a tal punto que Jesús tuvo que decirle a una congregación que solo tenía el nombre de estar viva, pero en realidad estaba muerta. Sin embargo, a pesar de eso le dio a esa iglesia la oportunidad de tomar conciencia, cambiar y volver a un amor verdadero y genuino.

Creo —si me atrevo a hablar desde lo más profundo de mi corazón— que Jesús quiere venir a nosotros tan íntimamente como si su sangre fuera nuestra sangre, para limpiarnos por completo.

De una carta: Protesto contra la idea de que está mal reaccionar con sentimientos fuertes o agitación cuando se ataca a Dios, cuando se maltrata a hermanos y hermanas o cuando se daña a la iglesia. No creo que Jesús estuviera calmado y sereno cuando expulsó a los cambistas del templo, cuando el honor de Dios estaba en juego. Protestaré toda mi vida contra la fría

Ap 2–3

Ap 3:1

Jn 2:12–27

sobriedad ante la crueldad o ante cualquier otra cosa
que destruya la obra de Dios.

En nuestra preocupación por la obra de Dios, la
tendencia a juzgar a las personas de una manera teórica
es una de las tentaciones más graves. Necesitamos tal
derramamiento del espíritu de Dios sobre nosotros,
para que todo se revele en nosotros y entre nosotros.
Después de esto, la claridad y decisión vendrán por sí
solas. Debemos suplicarle a Dios muy fervientemente
por este amor a Cristo, para que se revele todo lo malo
y oscuro en nuestra comunidad.

Si nos entregamos en fe a Dios y a Jesús, seremos
limpiados. En sus palabras de despedida, Jesús dijo:
«Yo soy la vid y ustedes son las ramas». Él dice que si
vamos a dar fruto, necesitaremos ser limpiados, y el
cuchillo del jardinero tendrá que cortar en nuestros
corazones. Como discípulos de Jesús necesitamos esta
limpieza, este cuchillo, este filo cortante en nuestros
corazones y nuestras vidas. Si rechazamos al jardinero
que nos limpia, somos infieles a los ojos de Dios, y no
podremos dar fruto.

Jn 15:5

Jn 15:1–2

¿Estamos dispuestos a dejar que la Palabra de Cristo
penetre con profundidad en nosotros, o nos endureceremos y protegeremos repetidamente contra ella?

Heb 4:12

No nos damos cuenta de la frecuencia con que nos
interponemos en el camino de Dios. Pero podemos
pedirle en su misericordia y amor que nos pode con su
Palabra, aunque nos duela.

Debemos poner toda nuestra confianza solamente en
Dios. Sin embargo, también necesitamos confiar en
otros. No podemos vivir sin confiar mutuamente en
los demás, a pesar de que sabemos que las personas

Jn 18:15–27   pueden y llegan a fallar. Pedro negó a Jesús tres veces,
pero fue uno de los apóstoles más confiables. Falló,
pero luego se fue y lloró amargamente. No hay otro
camino para nosotros que arrepentirnos a fondo y
llorar con tanta amargura como él lo hizo.

Incluso si tenemos que reconocer que hemos
fallado, no debemos ver todo tan negro, ni pensar
que hemos perdido el fundamento de nuestra vida.
El juicio de Dios es la bondad de Dios; no puede
separarse de su misericordia y compasión. Si nos
arrepentimos profundamente y nos volvemos humildes
ante Dios, nos convertiremos en nada, y entonces
Cristo podrá vivir en nosotros.

Definitivamente es pecaminoso usar la obra de Dios
en nosotros para reforzar nuestro propio orgullo. Pero
también es pecaminoso negar la obra de Dios cuando
le fallamos. Nuestros fracasos nos deben conducir a la
humildad y a Dios.

Ap 3:1

Quizá lo peor que pueda decirse en contra de una iglesia es lo que se le escribió a la iglesia de Sardis: «tienes fama de estar vivo, pero en realidad estás muerto». Si una iglesia está muerta, es como la sal que se menciona en el sermón del monte, que ha perdido su sabor y será desechada y pisoteada. Toda iglesia corre el peligro de dormirse, de perder su vida. Pero Jesús dice que si encuentra vida incluso en unos pocos, tendrá paciencia y les dará tiempo para arrepentirse.

En la breve historia de nuestra comunidad, hemos conocido la lucha por la pureza en nuestra iglesia. Hemos conocido la lucha contra la muerte, y contra ser una iglesia que tiene el nombre de estar viva, pero que en realidad está muerta. Sin embargo, cada vez que Jesús nos reprende, nos da tiempo para arrepentirnos, como iglesia y como individuos.

Mt 5:13

Hay un pasaje en el evangelio que se ha vuelto muy claro para nosotros: debemos ser sal. Hemos comprendido con estremecimiento lo peligroso que es para la iglesia perder el sabor y el poder de su sal. La sal da sabor a algo insípido, y la sal evita la descomposición. Nuestra época necesita sal.

Somos culpables de haber tolerado falsos espíritus durante demasiado tiempo. Jesús nos advierte muy fuertemente contra los falsos profetas y contra los que hablan de paz donde no hay paz, o de amor donde no hay amor.

De una carta: Debemos encontrar el camino para
seguir el mandato de Jesús de perdonar a los demás
como él nos perdona, pero al mismo tiempo debemos
ser claros y no dejar que entren tinieblas en la iglesia.
A veces esto representa una gran tensión para mí. En
Colosenses 3:12–17, Pablo dice que debemos tener
comprensión, perdón y bondad en nuestros corazones hacia nuestro hermano. Debemos tenerlos. Sin
embargo, la lucha espiritual que enfrentamos deja
bastante claro que no podemos permitir que entre
nada malo en la vida de la iglesia. Que Dios nos ayude
a encontrar la manera —y solo su manera—
de salir de esta tensión.

Col 3:12–17

Cuando solo Dios gobierne en cada corazón,
tendremos una comunidad sana, llena de alegría,
llena de dedicación y llena de amor. Todo el mundo
lo sentirá en el ambiente. Cada miembro irá a otro y
pedirá perdón por el daño que haya causado al amor
en el pasado. Y esto se hará no porque alguien haya
dicho que se deba hacer, sino por un impulso interior.

Toda iglesia necesita voces que se atrevan a hablar por
Cristo, aun cuando esto sea doloroso para la persona
que habla así como para los demás miembros. Pero
siempre se debe hablar en el amor de Cristo, de lo
contrario es un pecado.

1Jn 3:8 Jesús vino a la tierra para destruir las obras del diablo, y tiene millones de ángeles de Dios a su disposición para ayudarle en esta lucha espiritual. Pero Satanás también tiene muchos ángeles —los malos espíritus, diablos y demonios— a su disposición.

Esta lucha espiritual se manifiesta de esta forma: el Espíritu Santo, que es el espíritu de Jesús, nos ayuda a encontrar a Dios y nos da sus pensamientos y su amor. Este espíritu nos ayuda a vencer todas las emociones malignas e impuras. Al mismo tiempo, el diablo actúa en nuestros corazones, dándonos pensamientos de maldad, impureza, asesinato, envidia, desconfianza y deseo de poder. Sin embargo, todos tenemos ángeles guardianes que nos protegerán si seguimos lo que es bueno.

Cristo debe llegar hasta el fondo de las profundidades de nuestro ser interior, más profundo que nuestros pensamientos conscientes, más hondo que nuestros sentimientos habituales, hasta lo más profundo. Toda persona que sabe algo de las profundas luchas internas tiene una idea de esto. Por medio de Cristo puede encontrar el valor para creer contra toda incredulidad, incluso donde nunca hubo ninguna esperanza de creer; y la fuerza para esperar contra toda esperanza de encontrar amor en otra persona.

De una carta: Es comprensible que tengas miedo de lo que otros piensan de ti. Pero, aunque sea entendible, es un pecado. Cuando dependemos completamente de Dios, tendremos el valor de enfrentarnos a cualquiera que viole nuestra propia conciencia o la de otra persona, o a cualquiera que maltrate a otro. Es un pecado quedarse callado por miedo. He cometido este pecado muchas veces en mi vida, pero también he visto el fruto amargo que ocasionó en mí y en toda la iglesia.

Todos nosotros conocemos las luchas del corazón humano, pero tenemos que ver más allá de ellas. Tenemos que ver la lucha de toda la iglesia contra las tinieblas. Es una lucha enorme. Y en última instancia tenemos que verlo todo en relación con la lucha mucho mayor de todo el universo, que Dios dirige con sus ejércitos de miles y miles de ángeles, y sus estrellas de luz, música y armonía.

Mt 5:13

«Ustedes son la sal de la tierra. Pero si la sal se vuelve insípida, ¿cómo recobrará su sabor? Ya no sirve para nada, sino para que la gente la deseche y la pisotee». Si vamos a ser sal no podemos ser diplomáticos que están de acuerdo con los argumentos del mal; no podemos ser «imparciales». Debemos ser completa y totalmente unilaterales en nuestra lealtad a Dios y a Jesús.

Mt 12:30

De una carta: Tenemos que decidirnos por Cristo, de lo contrario vamos a volvernos contra él. La situación del mundo nos impulsa a tomar una posición por Cristo: una postura contra la violencia, la injusticia, el odio y la impureza. Debemos dar testimonio de esto no solo con palabras sino con hechos. Nuestras vidas deben demostrar que hay un mejor camino.

Del Pacto de la cena del Señor *
Nos declaramos en unidad bajo el juicio y la misericordia de Dios.
Hacemos voto de que queremos vivir en reverencia por Dios, por Cristo, y por su Espíritu Santo.
La cruz, donde se puede encontrar el perdón de los pecados, es el centro de nuestra vida.
Declaramos la guerra contra toda irreverencia hacia Dios, su Cristo y su iglesia.
Declaramos la guerra contra el mal uso del nombre de Dios, de Cristo y del Espíritu Santo.
Declaramos la guerra contra toda irreverencia hacia el espíritu inocente de Jesús, tal como vive en los niños, y queremos luchar por los niños mayores en quienes se ha perdido parcialmente el espíritu de la inocencia.

---

* El Pacto de la cena del Señor fue escrito por Heinrich Arnold y firmado por todos los miembros de su iglesia el 30 de diciembre de 1975, después de un año de lucha intensa, para clarificar la posición de la hermandad sobre varios asuntos importantes.

Declaramos la guerra contra toda crueldad emocional
o física hacia los niños.

Declaramos la guerra contra la búsqueda de poder
sobre las almas de otras personas, incluyendo a los
niños. Buscamos la atmósfera de la iglesia y de los
ángeles de Dios.

Hacemos voto de orar por la luz de Jesús, para que
todos los que estén en cautiverio, o atormentados
por malos pensamientos, sean liberados, y para que
todos los que sirven a las tinieblas sean descubiertos
y llamados al arrepentimiento.

Declaramos la guerra contra el espíritu de codicia y
contra todo falso amor relacionado con el materialismo, el dinero y las riquezas.

Declaramos la guerra contra toda grandeza humana y
toda forma de vanidad.

Declaramos la guerra contra todo orgullo, incluyendo
el orgullo colectivo.

Declaramos la guerra contra el espíritu de rencor, falta
de perdón, envidia y odio.

Hacemos voto de rendir ante la cruz todo nuestro
poder y nuestra propia «grandeza».

Declaramos la guerra contra cualquier degradación
de los demás, incluyendo aquellos que han caído
en el pecado.

Declaramos la guerra contra toda crueldad hacia cualquier persona, incluso si ha pecado.

Declaramos la guerra contra todas las formas de magia
o curiosidad por las tinieblas satánicas.

Pedimos por el valor para regocijarnos en el sufrimiento y la persecución por causa del bien.

Pedimos perdón de nuestros pecados, porque sin Jesús
nuestros corazones y nuestras acciones no pueden
ser puros.

Oramos para vivir por el mundo como Jesús lo expresó
en Juan 17: que todos sean uno como Cristo es uno
con el Padre, para que el mundo crea que Cristo fue
enviado por el Padre. Como Cristo, no pedimos ser
sacados de este mundo, sino protegidos del poder
del mal.

Jn 17:21

Le pedimos a Cristo consagrar nuestra hermandad
a través de su verdad. La palabra de Cristo es la
verdad. Le pedimos que nos envíe para ser una luz
en este mundo.

Sufrimiento en el mundo

1Ti 6:10

Si buscamos las raíces del sufrimiento, las encontraremos en el afán de dominio y en el amor a las riquezas. Este espíritu es de Satanás, que es un asesino

Jn 8:44

desde el principio, como dijo Jesús. Trae oscuridad y muerte. Muchos de los que le sirven tratan de esconderse detrás de ideales maravillosos. Pero a pesar de estos ideales los frutos de este espíritu son la injusticia y la muerte, y estas son las causas del sufrimiento de nuestro tiempo y de todas las épocas. Si examinamos el sufrimiento del mundo con honestidad, veremos su estrecha relación con nuestra propia culpabilidad y con la culpabilidad de todos los seres humanos de hoy, y también reconoceremos que, debido a que este sufrimiento es un todo, somos parte de él y debemos sufrir con todos los demás que sufren.

¡Hay muchísimo dolor en la tierra! Si estamos llenos del amor de Dios, experimentaremos este dolor nosotros mismos; sentiremos algo de la necesidad de los niños, los ancianos, los enfermos mentales, los no deseados y los hambrientos. Pero si solo vemos el sufrimiento del mundo, nuestra visión es completamente unilateral. Por amor a Dios debemos reconocer y proclamar el hecho de que el sufrimiento es un fruto del gran pecado y la culpa del mundo, un fruto de la rebelión de la humanidad contra Dios.

Solo Dios sabe qué proporción de la necesidad del
mundo es pecado y cuánta es sufrimiento. Se ha dicho
que si uno pusiera la maldad del mundo en un lado
de la balanza y su sufrimiento en el otro, la balanza se
equilibraría. No sé si esto sea verdad, pero es muy claro
que el pecado y el sufrimiento van juntos. La guerra,
por ejemplo, es pecado, pero también implica un
enorme sufrimiento. Dios ve tanto el pecado como
el sufrimiento.

Creemos en el indescriptible anhelo de Dios por salvar
a la humanidad, no solo de su necesidad, sino también
de su pecado. Es irreverente hablar de la necesidad del
mundo sin ver el daño hecho a Dios por el pecado del
mundo, que es también nuestro pecado.

Si no fuera por el anhelo de Dios de salvar a la
humanidad a través de Jesús, no habría nada más en
la tierra que la muerte espiritual y física. Jesús es el
cordero de Dios que quita los pecados del mundo.
Él es la respuesta, la única respuesta a todo pecado
y necesidad.

Cuando vemos a las iglesias del mundo como son hoy
en día, donde el dinero tiene tanto poder y hay tan
poca compasión por los pobres, debemos sentirnos
desafiados para ayudar a muchos más. Sabemos que los
primeros creyentes en la iglesia de Roma alimentaron

a sus propios pobres y a los pobres de toda la ciudad.*
Ellos vivían en el primer amor de Jesús, y ahí es donde
nos quedamos cortos. Los tiempos demandan que
volvamos a este primer amor.

Mt 25:31–46   *De una carta:* En Mateo 25 Jesús habla de los que
tienen hambre, sed, están desnudos o en prisión.
Nosotros también estamos preocupados por estas
personas, por el hambre y la necesidad del mundo.
Pero, ¿qué debemos hacer? Vivimos demasiado bien.
Debemos comer menos y hacerlo con menos, para
compartir con los pobres. Los primeros cristianos
ayunaban durante uno o dos días a la semana para dar
de comer a los hambrientos. Nosotros no hacemos
lo suficiente al compartir solo entre nuestros propios
hermanos y hermanas. Debemos designar al menos un
hermano de cada una de nuestras comunidades para
buscar a las personas necesitadas, para llevarles comida
y ropa, y ver que tengan calefacción adecuada y demás.

De una carta: Dices que los pobres no tienen deseo
de Dios, que son completamente insensibles e indiferentes, que tú mismo has pasado tiempo en un
albergue para desamparados y vagabundos, y que ellos
solo querían llegar a la cima por sí mismos, oprimir

---

* Eberhard Arnold, ed. *The Early Christians.* Rifton, NY, Plough, 1997,
pp. 14–15.

a otros y demás. Incluso dices que no tiene sentido
tratar de ayudar a esas personas, que de todos modos
no quieren nada más.

Querido hermano, ese no es el espíritu del amor de
Jesús. Es cierto que muchas personas son insensibles
en su interior, pero esta apatía es una expresión de
su necesidad. Es una señal —probablemente la peor
señal— de la fuerza con que Satanás, el enemigo de
Jesús y el asesino desde el principio, todavía gobierna
sobre las personas. ¿No te das cuenta de lo mucho que
afliges a Jesús, cuando hablamos de la necesidad de
nuestros semejantes de manera tan fría y arrogante?

¿Crees que Jesús tenía esa actitud? ¿Crees que habría
muerto por nosotros si se hubiera sentido así? No
podemos hablar así de los pobres y oprimidos. No,
estamos llamados a amar a nuestros semejantes, y en
especial a aquellos que están tan mal que ya no pueden
ver el camino a seguir.

De una carta: Ofrecer una noche de alojamiento a
una persona indigente siempre ha sido un principio
fundamental de nuestra iglesia. La policía a veces nos
ha traído a personas desamparadas, incluso familias
con niños, en medio de la noche, y siempre hemos
encontrado la manera de darles un lugar para dormir.

Bajo el régimen de Hitler, la policía secreta alemana
prohibió a nuestra comunidad recibir a cualquier
huésped. Pero les informamos que nunca le negaríamos
una noche de alojamiento a nadie, aunque la policía

lo desaprobara; nunca le cerraríamos la puerta a una persona indigente.

Perderíamos todo nuestro testimonio si no estuviéramos dispuestos incluso a darle una noche de alojamiento a una persona necesitada. Pero lo principal es el amor. Pablo dice que incluso si damos todas nuestras posesiones a los pobres, pero no tenemos amor, no servirá de nada.

1Co 13:3

En los primeros años de nuestra comunidad, siempre que una madre soltera venía a nuestra casa en busca de un lugar para quedarse, mi padre la invitaba por lo menos dos o tres noches. Varias de estas mujeres habían sido expulsadas de sus hogares, así que se quedaron, y algunas tuvieron sus bebés mientras estuvieron con nosotros. También tuvimos borrachos, ladrones y personas que eran buscadas por la policía. Una vez vivió con nosotros un asesino que había cumplido su condena de más de veinte años en prisión. Mis padres no se preocupaban por las posibles consecuencias de exponernos a nosotros los niños a tales situaciones. Pero nunca estuvimos expuestos a la impureza sexual. Si había un comportamiento indecente por parte de los que albergábamos, mi padre no lo toleraba.

Ninguna de estas personas se unió a nosotros, y no creo que ninguna de ellas tuviera algún interés en nosotros como iglesia; no eran más que personas sin hogar. Pero mi padre nunca le negó a ninguna de

Heb 13:2 ellas un techo. La Biblia dice que al dar refugio a los
extraños, muchos hospedaron ángeles sin saberlo.

En estos días de violenta agitación en nuestro país, la
extrema derecha está muy activa.* Al mismo tiempo,
otros con grandes ideales que hablan de igualdad y
justicia entre los hombres y las naciones también están
muy activos. No podemos quedarnos al margen. Si la
gente va a la cárcel y da su vida por sus creencias, solo
les podemos tener el más profundo respeto y reverencia. Pero también debemos anhelar y luchar por una
justicia más profunda que la que se basa en los derechos humanos.

Estoy preocupado por un incidente que ocurrió en
la localidad y no sé cómo deberíamos responder.†
Un hombre de nuestro vecindario fue golpeado —lo
golpearon en la cabeza dos veces— porque retiró los
carteles antisemitas que habían sido exhibidos pública-
mente. ¿Cómo debemos protestar contra tal violencia,
y cómo debemos dar testimonio del amor y la justicia?
Por un lado, existe el peligro de involucrarse demasiado en la política; no es nuestra tarea. Por otro lado,
no podemos guardar silencio sobre la injusticia en

---

* Escrito el 13 de junio de 1964.

† Escrito el 12 de abril de 1964.

nuestro propio vecindario; no podemos simplemente ser complacientes y decir que no es asunto nuestro. Después de haber vivido en Alemania en la década de 1930, sé lo que significa cuando la gente se queda callada en estos asuntos. Hitler pudo tomar el poder en Alemania solo porque mucha gente no se atrevió a protestar ni a involucrarse.

El mundo ha tomado un rumbo preocupante; la carrera armamentista tiene a los hombres preparándose para masacres en masa como nunca se ha visto en el mundo. En Vietnam se tortura, hiere y asesina a la gente todos los días.* ¿Cuál es nuestra responsabilidad? Debemos hacernos esta pregunta muy abiertamente. Hemos hecho muy poco. Nos hemos unido a las marchas contra la injusticia racial en los estados del Sur y hemos hablado contra la guerra en Vietnam. Hemos visitado a nuestros senadores y representantes para manifestarles nuestra preocupación, pero todo esto es muy poco.

Sabemos que el pasado, el presente y el futuro están en manos de Dios, y si nos entregamos a Dios debemos estar dispuestos a sufrir e incluso a morir. Hombres como Michael Schwerner† murieron por

---

* Escrito el 22 de agosto de 1965.

† Joven activista en favor de los derechos civiles, asesinado en Misisipi en 1964.

su creencia en que se debe fortalecer el amor entre los hombres. Nosotros también debemos estar dispuestos a sufrir y a morir si Dios nos lo pide.

Nuestros corazones son pequeños —conozco el mío—, pero encontraremos una respuesta a la pregunta de nuestra responsabilidad si nos dejamos tocar por Dios. Cualquier otro camino fracasará. Si el amor de Dios cambia nuestros corazones, nuestras vidas experimentarán nuevas alturas y profundidades y él nos guiará a tomar la acción correcta. Pero debemos pedirle que cambie nuestros corazones hoy, mañana y todos los días.

Stg 4:17

Ser complacientes frente a la injusticia es un terrible pecado, y por lo tanto tenemos un gran respeto por el Movimiento por los Derechos Civiles. Muchos de los que participan en el movimiento están haciendo sacrificios por la justicia, y algunos incluso han sacrificado sus vidas. Pero la lucha por los derechos civiles por sí misma no traerá consigo el reino de Dios, y no debemos perder de vista esto, a pesar de nuestro respeto por aquellos que sacrifican todo por él. Tiene que surgir algo mucho más grande, algo que nosotros no podemos hacer: la poderosa atmósfera del espíritu de Jesús, que tiene que penetrar en todo el mundo.

Aunque la injusticia siga aumentando, aferrémonos a nuestra esperanza en el reino de Dios y busquemos

vivir de acuerdo a ella, para mostrar al mundo una
nueva justicia que incluya el amor incluso al
enemigo. Esta es la respuesta a la gran necesidad de
nuestro tiempo en el mundo en general, pero especialmente en el escenario político y racial aquí en los
Estados Unidos.

Daniel y todos los demás profetas —al igual que Juan
en su libro de Apocalipsis— hablan de los «últimos
días» antes de que venga el reino de Dios, cuando
la humanidad tendrá que enfrentar un duro juicio.
Las hambrunas y pestilencias de todos los siglos, la
persecución de nuestros antepasados anabautistas y de
incontables grupos pequeños, la guerra de los Treinta
Años, y el exterminio de los indígenas americanos,
todos son ejemplos de enormes sufrimientos que ya
cumplen muchas profecías de juicio. También lo son
las dos guerras mundiales, que registraron tal vez los
mayores horrores que ha visto jamás la humanidad.
Los últimos días ya han comenzado.

Existe una gran e interminable necesidad en la tierra,
mucho más de lo que jamás podamos imaginar. Parte
de ella es necesidad económica, y parte es necesidad
social, pero de una manera más profunda está toda
la necesidad espiritual provocada en las vidas de los
seres humanos por los poderes oscuros de la injusticia, el asesinato y la infidelidad. Algunos de nosotros

solíamos creer que a través de medidas políticas o
sociales podrían darse cambios radicales en nuestra
sociedad, cambios que respondieran a esta necesidad.
Pero, como hemos visto una y otra vez, los líderes
del mundo de hoy siempre quedan atrapados en sus
propias mentiras y redes de corrupción; prevalece el
vil dominio del dinero, y la impureza y la infidelidad
están por todas partes.

Sabemos que nuestras pocas comunidades no
cambiarán el mundo. Pero Cristo sí lo hará, y
queremos entregarnos voluntariamente a él. Él
demanda toda nuestra personalidad y nuestra vida
entera. Vino a salvar al mundo, y creemos que él, y no
ningún líder humano, algún día gobernará la tierra.
Por él vivimos y damos nuestro máximo esfuerzo, y
por él estamos dispuestos a morir.

Misión

Nuestro profundo anhelo como hermandad es que podamos alcanzar a otras personas que andan en búsqueda. Pero esto no significa que todos debamos salir y hablar con la gente sobre nuestra fe. La misión tiene que ser dada por Dios de una manera ardiente y genuina, para que seamos guiados hacia aquellos que quieran escuchar. No podemos solo predicar a la gente. Buscamos una relación personal y cercana con ellos, algo que no se puede lograr con medios humanos. Solo Dios nos puede dar la palabra apropiada en el momento oportuno para la persona indicada.

No estamos interesados en atraer miembros, como a veces piensa la gente. Nuestro movimiento se derrumbaría si ese fuera nuestro motivo. Queremos reunirnos porque Jesús nos dice que nos congreguemos. Cuando mi hermano Hardy estudiaba en la Universidad de Tubinga, en la década de 1930, mi padre le pidió que organizara algunas conferencias públicas allí. Hardy hizo colocar grandes carteles anunciando que el Dr. Eberhard Arnold hablaría sobre su comunidad. Pero mi padre dijo: «Por supuesto que no voy a hacer eso. Voy a hablar de la causa de Dios. No voy a mencionar a nuestra comunidad». La causa de Dios debe ser nuestra preocupación principal.

ver Mt 12:30

ver Mt 23:37

Anhelamos tener contacto con más gente, pero todos nuestros deseos y anhelos deben surgir de un mismo deseo: que en cualquier hora, en cualquier lugar, no se haga nuestra voluntad sino la de Dios. Debemos someternos voluntariamente a esto. Los últimos años nos han mostrado —o debieron habernos mostrado— nuestra incapacidad, nuestra pecaminosidad y nuestra impotencia. La misión depende de que nuestra fe sea una fe viva.

Cuidémonos de no salir en misión con la fuerza humana. Hay suficiente predicación en el mundo; muchas personas salen por su propia voluntad y predican. Estoy del todo en favor de la misión, pero solo si es la voluntad de Dios la que nos mueve, y no nuestros propios egos.

En la iglesia primitiva, donde la verdadera misión estaba viva de una manera especial, había dos condiciones importantes: los creyentes eran de un corazón, mente y alma, y estaban arrepentidos. Debemos encontrar esta unidad de corazón, mente y alma, y debemos encontrar la humildad y el arrepentimiento de Pablo.

No podemos eludir el mandamiento de la misión. Para que una iglesia permanezca viva debe enviar misioneros, quizá de dos en dos, como en la iglesia primitiva o como los anabautistas del siglo XVI. La

ciudad debe estar sobre un monte y la luz debe alumbrar. ¿Reconoce realmente el mundo, por medio de la
iglesia actual, que el Padre envió a Jesucristo al mundo?
¿Acaso no tenemos una enorme responsabilidad?

Las últimas palabras de Jesús a sus discípulos fueron:

Mr 16:15–18   «Vayan por todo el mundo y anuncien las buenas
nuevas a toda criatura. El que crea y sea bautizado será
salvo, pero el que no crea será condenado».

Es poco probable que haya otro día de Pentecostés,
donde miles sean bautizados en un solo día. Pero
deseamos que las semillas de Jesús se siembren en
nuestra sociedad corrupta, aun si debemos dejar a Dios
que las semillas se conviertan en plantas y den fruto.
Los doce apóstoles lograron mucho, pero se les envió
con la autoridad de Cristo. Nada como eso ha ocurrido
otra vez desde aquel entonces.

Sé que la misión no puede ser forzada, pero tengo
un enorme deseo de que se siembre la semilla, que las
personas despierten, amen a Jesús y guarden sus palabras. Entonces él vendrá a ellos y morará con ellos.

Oremos para que cada vez que mencionemos el
nombre del Señor y proclamemos el evangelio, sea
con el fuego del Espíritu Santo. Esa es la necesidad de
nuestro tiempo, la necesidad de nuestra pobre tierra,
que fue visitada por el Hijo de Dios y no ha sido olvi-
dada por él.

Jn 12:32

La cruz está profundamente implantada en la tierra. Apunta al cielo, pero sus brazos extendidos expresan el hambre y la sed de Jesús por toda la humanidad. Cristo dijo: «Cuando sea levantado de la tierra, atraeré a todos a mí mismo».

Nuestra vida parece tener una cierta contradicción. Por un lado, nos gustaría abrazar a toda la humanidad. Si fuera posible, nos gustaría convencer a miles y millones de personas para vivir como hermanos y hermanas en Cristo. Queremos que el mayor número posible llegue a nosotros para que podamos compartir con ellos. Y anhelamos que nuestro impulso misionero se haga todavía más fuerte. Por otro lado, preferiríamos tener solo dos o tres miembros que estén totalmente dedicados, en lugar de cientos y cientos de personas que no lo hagan. No queremos que se pierda la sal de nuestro testimonio. Preferiríamos ser un grupo de solo unos pocos, con amor verdadero y fe auténtica en Cristo, que un movimiento de masas donde haya odio y celos.

Mt 28:19-20

Mr 16:15-18

Lc 24:47

Jn 17:21

Según los primeros tres Evangelios, los doce apóstoles fueron enviados en misión con las palabras: «Vayan y hagan discípulos de todas las naciones, bautizándolos en el nombre del Padre y del Hijo y del Espíritu Santo». En el Evangelio de Juan, Jesús habla de otra forma de misión: «Que todos sean uno. Padre, así

como tú estás en mí y yo en ti, permite que ellos
también estén en nosotros, para que el mundo crea que
tú me has enviado».

Esto es muy importante para nosotros hoy. Aquí
Jesús no pone el énfasis en la predicación del evangelio
para ganar gente del mundo, sino en la unidad: «Que
todos sean uno... para que el mundo crea que tú me
has enviado». En esta oración, la misión consiste en la
unidad de los discípulos.

La unidad cuesta una lucha; cuesta la disciplina en
la iglesia y el sufrimiento; cuesta el perdón renovado,
la confianza y el amor una y otra vez a las mismas
personas que nos han hecho daño. Si la unidad es
fuerte entre nosotros, resplandecerá en el mundo. No
sabemos cómo, pero lo hará.

Debemos anhelar que el amor fluya cada vez más
desde nuestro círculo, para poder enviar personas en
misión desde una iglesia unida. Hasta que podamos
hacerlo, todavía no estaremos viviendo solo por amor.
Cuando no tenemos la fuerza para la misión, es una
señal de que nuestra iglesia no está completamente
consagrada al amor, y esto debería humillarnos.

Vivimos en comunidad, porque queremos ser
hermanos y hermanas. Ese es nuestro primer llamado:
ser hermanos, también para las personas más humildes,
de modo que a nadie se menosprecie, ni se olvide

la necesidad de nadie. Estamos aquí para cuidar de nuestros hijos, nuestros hermanos y hermanas, nuestros ancianos, viudas y huérfanos. Nuestro llamado principal no es buscar gente de los barrios marginados y demás; que incluso podría destruirnos. Si todos nos dispersáramos, nos desintegraríamos y nos convertiríamos como cualquier otra organización establecida para realizar trabajo social.

Si vemos nuestro discipulado, a la luz de las palabras de Jesús sobre la resurrección de los muertos y la expulsión de los demonios, veremos que somos una iglesia muy pobre espiritualmente. Esto debería hacernos humildes, pero no debemos resignarnos.

Mt 10:8

Mr 16:15–18

En su última carta, mi padre escribió: «Todavía no hemos llegado a la verdadera misión, pero es cada vez más urgente orar por ella». Sé que él esperaba que este tipo de misión —resucitar a los muertos y echar fuera demonios— se diera de nuevo en nuestro tiempo. Para él no era importante que se le diera personalmente o a nuestra iglesia, sino que fuera dada *en algún lugar.*

De una carta: Anhelo la misión apostólica: ir por las veredas y los caminos e invitar a las personas a la gran fiesta del reino de Dios. Pero cada día vivido en verdadera unidad también es misión. Lee Juan 17, donde Jesús dice que por la unidad y el amor de los discípulos el mundo reconocerá que el Padre lo envió.

Jn 17:21

No hay mayor visión que esa. Si solo luchamos por abrirnos paso para alcanzar esta unidad, Dios nos dará la fuerza para llevar a cabo ambas formas de misión y cada miembro participará.

De una carta: La firmeza contundente de Jesús como parte del evangelio ya no se predica en la cristiandad actual. Juan el Bautista comenzó su mensaje con las palabras: «¡Camada de víboras! ¿Quién les dijo que podrán escapar del castigo que se acerca? Produzcan frutos que demuestren arrepentimiento. No piensen que podrán alegar: "Tenemos a Abraham por padre"».

Mt 3:7–9

Considero que mi llamado y deber espiritual es proclamar el evangelio con la misma firmeza contundente, aunque también con la misma bondad y compasión, que se encuentra en el Nuevo Testamento.

Lc 10:3

Jesús envió a sus apóstoles bajo el símbolo del cordero. Cualquiera que haya estado bajo presión, especialmente la presión religiosa, sabrá por qué lo hizo. Se hace todavía más claro si se piensa en la paloma, que es el símbolo del espíritu de Dios. Su naturaleza es confiada e inocente, sin ninguna fuerza, presión o maldad, incapaz de atacar o anular la libre voluntad de los demás. El Espíritu descendió sobre Jesús en forma de paloma. Este es el carácter de la misión apostólica: sin coacción, sin presión, sin persuasión. La personalidad más fuerte nunca debe anular a la más débil;

Mt 10:16 debe ser inofensiva como una paloma. Sin embargo, junto con las palabras de Jesús, sean «sencillos como palomas», dice «sean astutos como serpientes».

En nuestra época corrupta la responsabilidad de la iglesia es llamar a las personas a una vida en Dios y en Jesús. Si observamos la sociedad actual, podemos ver que la humanidad está totalmente corrompida; no está para nada reconciliada con Dios. La reconciliación con Dios solo es posible a través de la cruz. Sin Jesús, y sin su sufrimiento y muerte, nadie puede encontrar a Dios.

Muchos de nosotros anhelamos que nuestra iglesia lleve a cabo la misión apostólica, y estoy agradecido de que este anhelo esté vivo. Pero, a menos que seamos enviados por Dios, como Pablo fue enviado, nunca podremos hacer la misión, ni siquiera en la forma más humilde. En el momento de la conversión de Pablo, Hch 26:18 Jesús le dijo: «Te envío a éstos para que les abras los ojos y se conviertan de las tinieblas a la luz, y del poder de Satanás a Dios, a fin de que, por la fe en mí, reciban el perdón de los pecados y la herencia entre los santi-ficados». Ese es el propósito de la misión. Está claro que la misión nunca puede ser una empresa humana. Somos incapaces de ella —absolutamente incapaces— sin una relación íntima y profunda con Dios, con Jesús y con la iglesia.

Con respecto a la participación en los diversos movimientos de protesta social de hoy en día, espero que
se nos conceda la sensibilidad, tanto para reconocer
lo que proviene de Dios y fomentarlo, como para
rechazar lo que no es bueno. Debemos estar abiertos a
recibir, pero al mismo tiempo debemos dar testimonio
de verdadera hermandad.

El reino de Dios

Jesús

Jesús fue el siervo sufriente. Su vida fue, desde el nacimiento en un humilde establo hasta su muerte en una cruz entre dos criminales, solo por causa del amor puro. Era un hombre verdadero, pero Dios; era la Palabra que se hizo carne; era el Hijo de Dios, pero también se llamó a sí mismo el Hijo del hombre.

Jesucristo es el redentor que viene a nosotros, seres humanos débiles y pecadores. Nos libera del pecado y de los poderes demoníacos. Nos convierte en personas verdaderas. Es el sanador que sana sin precio. Es la vid verdadera, el árbol viviente. Es el mismo ayer, hoy y por toda la eternidad. Jesús es el alma de la compasión, el amigo del ser humano, el que llama a una vida nueva. Es el buen y verdadero pastor, el rey del reino de Dios. Se le llama: «Consejero admirable, Dios fuerte, Padre eterno, Príncipe de paz».

Is 9:6b

Lc 13:34

Cristo es el poder que congrega: «¡Cuántas veces quise reunir a tus hijos, como reúne la gallina a sus pollitos debajo de sus alas, pero no quisiste!». Su última oración fue por la unidad y el amor entre sus discípulos. Su vida nueva vence la separación, guía hacia la comunidad y hace a las personas de un corazón y un alma. Es la revelación del amor y del reino de Dios.

Jn 17:21

Debemos experimentar a Jesús en nuestras almas y corazones. Pero todavía se demanda más: debemos experimentarlo como el Señor sobre todas las cosas, rey de todos los principados y mundos de Dios. Debemos concentrar nuestros corazones, mentes y almas en la visión de su reino y en él, el rey que ya viene.

De una carta: Sé que tienes dificultades con ciertos conceptos bíblicos sobre Cristo. Pero si no quieres a Cristo en su totalidad, incluso la parte que aceptas se te escapará de las manos y te quedarás sin nada. Dejo esto en tu corazón con amor y preocupación.

Lc 1:26–38
En última instancia, es una cuestión de si aceptas a Jesucristo, quien nació de la virgen María por medio del Espíritu Santo. Él recibió todo el poder en el cielo y en la tierra, y vino a este mundo para reconciliar todo Col 1:20 el universo con él, haciendo la paz mediante el derramamiento de su sangre en la cruz.

La fe en Cristo significa la voluntad de creer en misterios que no podemos ver, sentir, ni entender con nuestro entorpecido intelecto.

Con frecuencia me pregunto si tenemos muy en mente la plenitud de Cristo. Para cualquier cristiano —tanto individuos como iglesias—, existe el peligro de experimentar solo una parte de Cristo —aceptando solo parte de su mensaje— y ser fiel a eso. Debemos descubrir y servir a Cristo en su totalidad. No puedo proclamar: «Aquí está, este es el Cristo en su totalidad». Aunque nos aprendiéramos de memoria todo el evangelio, no podríamos decir que tenemos la plenitud de Cristo. Solamente el Espíritu Santo es capaz de traerlo a nosotros.

Jesús ve la maldad en una persona de manera tan aguda y clara que es como si no tuviera amor; sin embargo, ve esperanza en una persona tan fuertemente que es como si no hubiera maldad en ella. En el Nuevo Testamento encontramos las palabras más severas de condenación eterna y, al mismo tiempo, el amor más tierno.

Tenemos que amar todo en Jesús: su severidad y su compasión. Si amamos su severidad, entonces nuestros corazones serán purificados y limpiados; pero no podríamos vivir si su amor, compasión y misericordia no fueran aún mayores.

2Co 13:4

Es un error pensar que Jesús solamente era valiente y fuerte. Él fue crucificado en debilidad, y eso es un misterio profundo. Se hizo débil por causa nuestra, por los pecados del mundo y para traer la reconciliación y la victoria de Dios a la tierra y el cielo. Por eso lo amamos.

Jesús fue crucificado en la debilidad, pero ahora vive en el poder de Dios. Nosotros también somos débiles, como lo fue él, pero a través del poder de Dios podemos convertirnos en uno con él y ser llenos de vida.

Si somos orgullosos no podemos vivir por medio del poder de Dios, porque cuando somos fuertes y grandes de espíritu, nos interponemos en su camino. Pero si somos débiles, eso no es obstáculo.

Jn 15:1–17

En Juan 15:1–17, Jesús habla desde lo profundo de su corazón sobre la unidad de sus seguidores. Habla de sí mismo como una vid y de su Padre como un viñador, que corta toda rama que no da fruto y poda las ramas que dan fruto, para que den todavía más.

El Salvador no nos corta completamente para marchitarnos; sino que nos limpia y nos ata de nuevo a su vid. Tenemos que pasar por esta experiencia de castigo y juicio, porque Jesús dice que al que da fruto, lo limpiará. Cuando un viñador limpia las ramas, utiliza un cuchillo. Debemos orar para que el cuchillo corte profundamente en nuestros corazones, sin importar cuánto duela, para que al ser limpiados por él, podamos ser injertados en la única vid.

Jn 15:4, 7

Nuestro Salvador dice: «Permanezcan en mí, y yo permaneceré en ustedes». Tengo el profundo anhelo de que todos podamos morar en él, y él en nosotros. No hay nada más grande, nada más maravilloso, nada más gozoso que la unidad con Jesucristo.

Lc 2:11

Is 9:6

Cuando los ángeles se aparecieron a los pastores, les dijeron: un niño les ha nacido, un hijo les es dado. Debemos recibir esto con el corazón: *a ustedes les* ha nacido un niño. No se trata solo de creer que un niño nace en Belén, sino que un hijo nace *por ustedes*. Debemos creerlo muy personalmente: Jesús vino por cada uno de nosotros.

1Co 2:2

La vida de Jesús comenzó en un establo y terminó en la cruz entre dos criminales. El apóstol Pablo dijo que

no quería proclamar sino solo a este Cristo crucificado.
Nosotros, también, no tenemos más a que aferrarnos,
sino solamente a este Cristo. Debemos preguntarnos

2Ti 3:12 una y otra vez: ¿Estamos dispuestos a seguir su camino,
desde el establo hasta la cruz? Como discípulos no se
nos prometen tiempos cómodos y buenos. Jesús dice
que debemos negarnos a nosotros mismos y sufrir
con él y por él. Es el único camino para seguirlo, pero
detrás está la gloria de la vida, el amor resplandeciente
de Dios, que es mucho más grande que nuestros corazones y nuestras vidas.

De una carta: Jesús fue un hombre fuerte en una
forma nueva. Al mismo tiempo fue muy débil y muy
fuerte. No estaba avergonzado por derramar lágrimas

Mt 23:37 sobre Jerusalén, la que quería congregar como una
gallina a sus polluelos; no tenía temor de llorar públi-

Jn 11:35 camente en la resurrección de Lázaro; y no tenía temor
de demostrar su agonía en Getsemaní. Todo esto
no lo convertía en un hombre «fuerte» en el sentido
mundano. Sin embargo, el amor de Jesús era tan fuerte

Lc 22:44 que fue capaz de sufrir el dolor más terrible y el abandono de Dios, y con esta fortaleza completó la misión
que le dio su Padre.

En la verdadera debilidad nos volvemos impotentes,
y en la verdadera impotencia encontramos fortaleza.
Ese es el secreto.

Cada uno de nosotros debe tener una relación personal con Jesús. Cuando era joven, no podía entender por qué no duraron los sentimientos de júbilo y amor que tuve en las primeras semanas después de mi conversión. Estaba muy preocupado y le pregunté a mi padre al respecto. Me dijo: «No puedes basar tu cristianismo en los sentimientos. Hay momentos en los que uno simplemente tiene que seguir sin sentimientos profundos».

Ef 5:22–33 Pablo compara la relación de Cristo y su iglesia con el matrimonio, que a veces trae alegría y a veces tristeza. Lo principal es la fidelidad a la relación; los sentimientos propios no siempre serán los mismos. Cuando se nos llama a volver a nuestro primer amor, puede darnos un tremendo sentimiento de alegría, el cual es un don de Dios. Este sentimiento no durará toda la vida. Pero, si somos fieles, nuestra relación con Cristo permanecerá, incluso cuando pasemos por momentos de dolor y lágrimas, tristeza y vacío.

Jn 14:23 Jesús dice: «El que me ama, obedecerá mi palabra, y mi Padre lo amará, y haremos nuestra vivienda en él». No hay nada más íntimo que morar en el corazón de otro.

Jn 6:53–56 Jesús también dice: «Si no comen la carne del Hijo del hombre ni beben su sangre, no tienen realmente vida». Es un evangelio de unidad completa; excluye la

Ap 3:15 posibilidad de la tibieza. Jesús prefiere el corazón frío al corazón tibio.

Si amamos a alguien, queremos conocer su ser
más íntimo. No nos conformamos con conocerlo
exteriormente. Así es con nuestro amor a Dios. Si
nos entregamos a él, aprenderemos a conocer su ser
más íntimo y su corazón, su carácter y su amor. No es
suficiente solo hablar de Dios. Buscamos su revelación.

Heb 12:6 La Biblia dice que a los que Dios ama, los reprende.
Así que debemos agradecer a Dios si somos repren-
didos y castigados, porque es una señal de su amor. No
podemos experimentar la liberación completa que trae
el perdón de los pecados, si no aceptamos la severidad
de Jesús. Solo entonces podremos experimentar su
bondad, su compasión y su máximo amor.

Hay una cierta subjetividad en la relación de una
persona con Jesús que rechazamos, porque olvida la
grandeza de Dios y de la iglesia, como si solo *mi alma
y mi salvación* fueran importantes. Pero rechazar la
relación íntima con Jesús como subjetiva en sí
misma sería un error. Tenemos que experimentar su
amor, su muerte en la cruz, y su perdón de una
manera personal.

Todo lo que necesitamos para encontrar a Dios, se nos
ha dado en Cristo. Pero no ayuda comprender esto con
nuestra mente. Tampoco ayuda aprenderse la Biblia o
recitar oraciones de memoria. Jesús debe tocar nuestros

Jn 6:53-59 corazones hasta lo más profundo, para que nos cambie su persona. Él compara esta experiencia a comer su carne y beber su sangre. Eso es lo opuesto a una experiencia meramente intelectual. Es una experiencia desde lo profundo del corazón.

El verdadero discipulado requiere que amemos a Jesús tan profundamente que cualquier otro amor —incluso el amor por nuestra esposa e hijos— sea pequeño en comparación. Debemos amarlo tanto que incluso la parte más pequeña de su evangelio sea de gran importancia para nosotros. Debemos amar todo en él: su muerte, su resurrección, su juicio y su futuro reino eterno. Pero sobre todo debemos amar su vida interior, en la medida en que nos la ha revelado en su vida y su muerte. Esta vida interior es el espíritu de Dios. La tarea más grande de un cristiano es amar a Jesús, reconocerlo y aprender a entenderlo en su ser más íntimo.

Jesús quiere que amemos todo en él: sus obras, sus parábolas, su rechazo de las riquezas y las posesiones terrenales, su pureza de corazón y fidelidad en las relaciones, su tristeza y sufrimiento por la injusticia, su muerte con criminales; pero sobre todo *él* personalmente, su corazón y su sangre.

A los judíos les resultaba muy difícil aceptar la idea de beber la sangre de Jesús y comer su carne, porque la ley de Moisés prohibía beber sangre. Pero Jesús quería

mostrar a sus discípulos una unidad y una comunidad
que solo podía comparar con la carne y la sangre. En
realidad está hablando de la comunidad eterna con él
en el reino de Dios.

Mt 9:12

Jn 10:14–15

Jesús vino como médico para los enfermos y como
pastor para los perdidos, no solamente para los justos
y los rectos. Él es el amor de Dios obrando en la tierra.
Si realmente entendemos esto, nos daremos cuenta de
que seguir a Jesús significa sufrimiento. No puede ser
un camino cómodo.

De una carta: Conságrate diariamente a la persona de
Jesús. Entonces será posible arder por él y renunciar a
toda preocupación por sí mismo.

Cuando Jesús vivió en la tierra, prometió que regre-
saría para establecer el reino de Dios, un reino de paz
y amor. En la parábola de las diez vírgenes, cinco de

Mt 25:1–13

ellas estaban listas, pero cinco no tenían aceite, ningún
amor ardiente hacia Dios y los hombres. Aunque las
cinco insensatas tenían el envase externo de la lámpara,
su fuego interior se había apagado. Jesús dijo que no
las conocía y que no podían formar parte del reino.
    Esta parábola es pertinente para nuestra época,
porque hace casi dos mil años desde que Jesús vivió
en la tierra y nos hemos acostumbrado a esperar. El

mundo sigue como antes. Pero llegará el momento en que vamos a desear haber tenido aceite.

Lc 14:33 Si queremos ser discípulos de Cristo, debemos estar preparados para soportar todo con fe y renunciar a todo como él lo hizo. La rendición total del Cristo crucificado debe proclamarse una y otra vez en la iglesia a cada nueva generación.

De una carta: Agradezco a Dios que sientas un indicio de la realidad de Jesús en tu vida. Alimenta esta pequeña llama y déjala crecer. Jesús puede entrar en tu corazón solo en la medida en que se vacíe de otras cosas. Si un balde de agua está lleno, no se le puede agregar nada más; pero si se vacía, puede volver a llenarse. Debes vaciarte. Jesús te tocará aunque solo haya un pequeño espacio para él.

De una carta: Nunca olvides que tu corazón debe estar vacío y pobre de espíritu para que Jesús reine en él, no puedes reservar para ti lugares ocultos. Mira todo desde la perspectiva de Jesús y no desde tu punto de vista. Lo que pienses y sientas no es importante. La voluntad de Jesús es lo importante. Cuando te sometas a él, cambiarán todos tus sentimientos.

De una carta: Si en realidad quieres servir solamente a Jesús, demuéstralo en formas prácticas: en la manera en que educas a tus hijos, en tu actitud hacia tu marido, y en tu actitud hacia la iglesia. No es cierto que eres una persona pobre, como escribes. Desearía que lo fueras, porque Jesús dice: «Dichosos los pobres de espíritu». A veces eres muy rica, rica en opiniones y llena de auto-valoración y autoestima. Conviértete *de verdad* en una persona pobre.

Mt 5:3

De una carta: Sé que Dios te ha dado un corazón amoroso, pero tu vieja naturaleza debe morir para que puedas recibir su amor. Entonces él puede usarte como te creó. Morir con Cristo no significa ser extinguido. Pero sí significa derramar nuestro ser más íntimo ante él, llevar nuestros pecados a la cruz y convertirnos en uno con él, quien murió por nosotros.

Jn 12:24

Cuando un grano de trigo se siembra en la tierra, muere. Deja de ser un grano, pero a través de la muerte produce fruto. Este es el camino del cristianismo verdadero. Es el camino que Jesús emprendió cuando murió en la cruz por cada uno de nosotros. Si queremos que nuestras vidas sean frutos de la muerte de Cristo en la cruz, no podemos permanecer como granos indivi-duales. Debemos estar listos también para morir.

¡Pongan a Cristo antes que ustedes en todo, para
que puedan morir por él! Anhelen llegar más cerca
de él. Vivan en un solo espíritu —para su servicio—
para que la gracia de Dios esté siempre en ustedes.
Entonces, incluso cuando llegue el día en que su sangre

Jn 14:21   deba ser derramada por él, estarán gozosos. ¡No será
más que una victoria!

Jesús dice que si lo amamos y cumplimos sus mandamientos, nos amará y se revelará a nosotros. No se
trata de una teología ni de una enseñanza, sino de una

Gá 2:20   cuestión de vida, de recibir a Jesús como una persona
real, como el Hijo del hombre que quiere amarnos
y revelarse a nosotros. Cuando moremos en Jesús, él
habitará en nosotros, y podremos decir como el apóstol

Jn 1:14   Pablo: «ya no vivo yo sino que Cristo vive en mí».

La forma en que Dios envió a su Hijo al mundo no es
para ser explicada o entendida. Juan simplemente dice
que el Verbo se hizo carne. Y este Verbo es su amor,
y lo derramó a través del Espíritu Santo en María.
Solo en este sentido podemos empezar a entender el
misterio del nacimiento virginal.

Nuestra oración es que podamos ver al Cristo verdadero. Oramos para que se nos revele, primero como
era: un bebé que nació en un establo en Belén; y luego

un hombre condenado, colgado en la cruz entre dos
criminales en el Gólgota; como es hoy: la cabeza de
todas las cosas, especialmente de su iglesia; y como será
en el fin de los tiempos: el que juzga a los vivos y a los
muertos, el novio en la gran boda en el reino de Dios.

    ¿Estamos dispuestos a seguir el mismo camino de
sufrimiento que Jesús padeció en la tierra? ¿Estamos
dispuestos a entregarnos tan completamente a él que
estamos preparados para ser perseguidos, golpeados o
incluso asesinados por su causa?

Si experimentamos el corazón de Cristo, experimentamos algo del trono de Dios, que está sobre
todo el universo, el universo que los científicos solo
pueden calcular en años luz, en distancias que no
podemos imaginar.

Heb 1:1–3   Cristo es la revelación de Dios. La revelación de
Dios es siempre y eternamente la vida de Cristo. Dios
vivió en él en su plenitud. Cristo murió por nosotros,
Cristo resucitó por nosotros, y Cristo quiere venir a
nosotros. Él *es* lo que enseña. Él revela la fuente que
es en realidad. Aquí está el agua de manantial para las
almas sedientas.

¡Jesucristo! Él debe permanecer en el centro en todo
momento. La iglesia no puede ser nuestro centro,
porque un cuerpo sin cabeza está muerto. Necesitamos
una renovación constante desde el interior, y con esto

quiero decir que necesitamos nuevos encuentros con Dios y con Cristo una y otra vez. Esto debe suceder en las reuniones de adoración comunitaria, como también en cada corazón individual. El nuevo nacimiento significa la morada interior del Padre en nosotros, y tiene lugar por medio del Espíritu Santo.

La Palabra viva*

Jn 1:1–3 TLA En Juan 1 leemos: «Antes de que todo comenzara ya existía aquel que es la Palabra. La Palabra estaba con Dios». ¿Qué es esta Palabra? Una palabra humana dicha de una persona a otra, una palabra sincera de amor, le pertenece primero al que la dice. Vive en la persona, arde en ella, y luego la comunica al corazón de otra persona. Pero ahora estamos hablando de la palabra de Dios: la Palabra viva. Esta Palabra, esta expresión personal de Dios, estaba en el principio con Dios, y todas las cosas fueron creadas por medio de él, y sin él nada se hubiera creado. Es tan poderosa que no puede ser escrita o impresa. Así será el reino de Dios, cuando él hable su Palabra a los corazones de la gente, cuando los juzgue y ellos se angustien por la injusticia y la maldad, la mentira, el asesinato y la discordia: la impureza de esta tierra.

Esta Palabra se hizo carne y habitó entre nosotros. Ocurrió en el pueblo de Belén. La Palabra realmente se convirtió en un ser humano, pero era y es el ungido Dios, el Cristo.

2P 1:19 Como el sol, Cristo se levanta en un corazón creyente. Él es como «una lámpara que brilla en un lugar oscuro,

---

* En este capítulo, Arnold se apoya ampliamente en las ideas de su padre, Eberhard Arnold, especialmente del último capítulo titulado «La Palabra viva», en su libro *Innenland*.

hasta que despunte el día y salga el lucero de la mañana
en sus corazones». Solo esta luz interior puede vencer
las tinieblas en nosotros. Algunas personas están ator-
mentadas por confusiones internas. Cristo vino a estas
tinieblas. Él transforma toda la tierra. Su Palabra entra
en el corazón de los moribundos, para cambiarlos por

Dt 6:6

completo. «Grábate en el corazón estas palabras que
hoy te mando.» Eso significa que Jesús habla *ahora,*
a *ti,* esa es la Palabra viva. Tan pronto como tu vida
interior se encienda, su Palabra despertará un nuevo
crecimiento.

Nada en absoluto puede ayudarnos, nada excepto la
Palabra de Dios. Por la *Palabra* no nos referimos a las
puras letras de la Biblia. Es cierto que la Biblia, por
contener los dichos de Jesús y de los profetas en forma
escrita, es el libro más sagrado que existe. Pero la Biblia
en sí misma no es la Palabra, solo da testimonio de ella.
Cuando leemos la Biblia y sentimos a Dios hablando
directamente a nuestros corazones, cuando nuestros
corazones empiezan a arder, sabemos que es la Palabra

2Co 3:6

viva. «La letra mata, pero el Espíritu da vida.» Cuando
la Palabra penetra nuestros corazones, experimentamos
cómo vivió Jesús, cómo murió, por qué murió, y cómo
resucitó y ascendió al cielo. Cristo mismo es la esencia
de las Escrituras.

La Biblia misma *no* es la Palabra de Dios. No estás
proclamando la Palabra de Dios simplemente al leer
en voz alta la Biblia. Cuando Jesús fue tentado en el

Mt 4:4   desierto, le dijo al tentador: «No sólo de pan vive el
hombre, sino de toda palabra que sale de la boca de
Dios». Con esta Palabra viva, que sale de la boca de
Dios, Jesús alejó al tentador. La Palabra viva es lo que
Dios te dice ahora, en este momento, en tu corazón.
No es lo que él le dijo a Moisés o a Elías o incluso a
Jesús, sino lo que te dice a *ti*. Pero lo extraordinario
aquí es que cuando Dios te habla, nunca contradice a
Jesús o a sus profetas.

Mt 4:6   El diablo sabe cómo utilizar la Biblia para matar almas.
El Antiguo y Nuevo Testamento serán las armas del
Anticristo. Siempre viene con la Biblia en la mano.
Cuando las autoridades religiosas persiguieron a los
creyentes anabautistas en los tiempos de la Reforma,
salieron con sus Biblias para ahogarlos, quemarlos,
decapitarlos o colgarlos.

Lo que importa no es memorizar cada palabra de
Jesús en el Nuevo Testamento, sino que sus palabras
sean marcadas con fuego en nuestros corazones por

Lc 24:32   Dios mismo. Esa es la Palabra viva. Nuestra oración
y proclamación no debe ser lo que yo siento o
pienso, por eso es que difícilmente me atrevo a dirigir
oraciones en público. Debe ser la Palabra que proviene

de la boca de Dios. *Ese* es el evangelio. Tenemos que

Mt 4:4 esperar que Jesús entre en nuestros corazones a través
de la boca de Dios y del Espíritu Santo.

¿Estamos dispuestos a escuchar la Palabra de Dios, que
corta con más intensidad que una espada de dos filos?
En Hebreos dice:

Heb 4:12–13 La palabra de Dios es viva y poderosa, y más
cortante que cualquier espada de dos filos. Penetra
hasta lo más profundo del alma y del espíritu, hasta
la médula de los huesos, y juzga los pensamientos
y las intenciones del corazón. Ninguna cosa creada
escapa a la vista de Dios. Todo está al descubierto,
expuesto a los ojos de aquel a quien hemos de
rendir cuentas.

Heb 4:15–16 Pero luego dice también que Jesús se compadece
de nuestra debilidad, temores y necesidad interior,
las entiende. Si estamos dispuestos a darle nuestros
corazones a esta espada cortante, encontraremos a este
Jesús, el único que conoce nuestra necesidad. Pero, si
lo rechazamos, también seremos rechazados.

Mt 4:4 Jesús dice que el hombre no vive solamente del pan,
sino de toda palabra que sale de la boca de Dios. No
tenemos un Dios silencioso. La Palabra no es rígida,
como si estuviera fundida en hierro en un molde o

Mt 5:17–20 contenida en un libro, ni siquiera cuando ese libro es
la Biblia. La Palabra nunca contradice a los profetas
del Antiguo Testamento, ni tampoco contradice al
Nuevo Testamento, pero habla una y otra vez con
frescura a nuestros corazones. De repente, se ven
nuevas conexiones y se iluminan distintos pasajes. La
Palabra revela continuamente nuevas percepciones y
hace que todo sea vivo para nosotros. No podemos
existir sin la Palabra viva de Dios y tenemos que dar
testimonio de ello.

De una carta: Me alegro de que la Biblia haya
cobrado vida para ti. Eso es muy importante: no
las letras, sino el Jesús vivo. Que arda en nuestros
corazones y en nuestras vidas. Entonces dejaremos
de preocuparnos tanto por las actividades externas,
descuidando con ello nuestra vida interior. Cuando
Jesús sea el centro de nuestras vidas, nuestra vida interior se convertirá en una llama que arda para él.

La Palabra no nos ayuda mientras permanezca fuera
de nuestros corazones. Tiene que entrar en nosotros.
Esa es la única manera de liberarnos de los poderes
1P 1:18–21 malignos. El Cristo crucificado, que penetra nuestros
corazones, es la esencia de las Escrituras y el testimonio
1Jn 4:1–3 de los discípulos de Cristo. Solo Cristo es la balanza en
la que se pueden pesar los espíritus.

Jn 1:1 Cristo era la Palabra antes de que todo comenzara, mucho antes de que la Biblia fuera escrita. No puedes poner a Dios en las librerías y venderlo a veinte dólares por ejemplar. Pero ciertamente, cuando Dios habla a nuestros corazones, nunca contradice las palabras de Jn 14:26 TLA Jesús. «El Espíritu Santo les enseñará todas las cosas, y les recordará todo lo que les he enseñado.» Y eso sucede, cada cristiano lo experimenta muchas veces. Así que pidamos a Dios que nos dé una iglesia viva, nunca reglas ni leyes muertas. Deseo tanto que sople un viento fresco para que todo lo frío, lo viejo, y de la «ley», sea barrido por este viento vivo de Dios.

Si tenemos una profunda necesidad interior —una oscuridad espiritual— entonces encontraremos la sanación solo al aceptar la Palabra viva de Jesús. Si su Palabra va a sanar, debe provenir directamente de su corazón y entrar a nuestra alma y corazón. Entonces el libro abierto de la Biblia se convierte de repente en un libro ardiente. Cada letra es como fuego. Cristo Heb 4:12–14 entra al corazón como fuego y brasas ardientes, puede compararse a probar la sal, es muy real.

Para proclamar la Palabra, no basta con ir a la universidad o asistir a un seminario; ni siquiera es necesario. Hch 4:13–14 Lo que hace falta es ser una persona humilde y vivir de corazón. Cuando hagamos esto, se derrumbarán nuestras teologías y teorías humanas, el mundo de

nuestros propios pensamientos, y Jesús mismo vendrá
a nosotros y nos dará su medicina sanadora; lo recibi-
remos en persona.

Hay muchos lugares en la Biblia donde al parecer
dos pasajes se contradicen entre sí. Ambos deben
contener la verdad, pues Dios no engaña a nadie. Si
escuchamos a fondo al Espíritu, lo comprenderemos.
Si solo escuchamos a nuestro intelecto, permanece-

1Co 2:10–16   remos alejados de la verdad de Dios. La Biblia está
cerrada al enfoque erudito. Solo el maestro tiene la
llave para este libro. Él es la verdad, que estaba con
Dios desde el principio y que se hizo carne. Él es la
fuente del entendimiento y es vida. Sin Cristo mismo,
nadie puede entender la verdad.

Lo que importa es que experimentes a Jesús a través
de su Espíritu en tu corazón. No es suficiente leer el
Nuevo Testamento o los profetas. Tiene que ser una
experiencia profunda en el corazón, en el centro más
íntimo de una persona. Esto no pasa sin que te sientas
juzgado, pero siempre debe llevar a la certeza de que
Jesús te perdona y te acepta.

Cuando Cristo habla directamente a nuestros corazones, siempre es una señal de su amor. El amor de
Cristo nos juzga. Por eso debemos leer la Biblia, sobre
todo el Nuevo Testamento, una y otra vez. Cuando
Dios mismo nos habla, nos libera de nuestra propia

voluntad, insensibilidad y egocentrismo. Nuestra
arrogancia muere. Nos desafía a alejarnos de nosotros
mismos y volvernos hacia la luz eterna, hacia Cristo.
La Palabra nos lleva a la unidad con Cristo y la unidad
con el corazón de Dios. No hay nada más conmo-
vedor que este enorme corazón amoroso de Dios. Las
personas que se inclinan a centrarse en sí mismas y sus
propias complicaciones, olvidan totalmente el corazón
de Dios.

Cuando el corazón de Dios —la Palabra viva— toca a
una persona, desaparece la preocupación por sí mismo.
Se vuelve uno con Cristo, tan unido que querrá seguir
a Cristo completamente, incluso hasta la cruz. Estas no
son meras palabras. Los creyentes a través de los siglos
han sufrido torturas, y fueron decapitados, quemados
vivos, colgados o ahogados por causa de Cristo. No
tenemos que retroceder mucho: esto está sucediendo
incluso hoy.

Fil 3:7–11

La luz de Cristo alumbra a cada persona que mantiene
sus ojos en la cruz: el sufrimiento de la cruz. En la cruz
la Palabra cobra vida: de repente Dios nos habla. ¡Qué
Dios tan eternamente bueno y compasivo es él! Nadie
puede sentir este amor de Dios, o conocer su verdad, si
está lleno de deseos mundanos. El Espíritu Santo nos
trae a Cristo, el crucificado. Anhelo este Espíritu.

Ef 3:14–19
    Cuando el Cristo crucificado penetre con profundidad en nuestros corazones, comprenderemos la enorme bondad y misericordia de Dios. Nos sentiJn 17:20–23remos profundamente unidos con todos los que han dado sus vidas a este mismo Cristo. ¡No es un dogma muerto; solo la Palabra viva! Cristo, viviendo en nuestros corazones. Con confianza absoluta en Jesús, se responde cada pregunta difícil, incluso para un mundo que se ha hecho pedazos.

Una persona a veces se enfrenta con un problema, y solo encuentra la respuesta en la Palabra viva; es decir, cuando Dios mismo le habla a su corazón, no a su intelecto. He experimentado esto personalmente al luchar con la cuestión de la salvación.

    Cuando me encontré con Cristo, él vino a mí de manera incontenible, y me sentí inundado con un amor hacia todas las personas. Esto sucedió tres veces en mi vida, y cada vez fue como si me hubieran tirado al suelo. Cada vez me invadió el amor por todas las personas.

    Ahora bien, si lees ciertos versículos de la Biblia, podrías concluir que solo unas pocas personas serán salvas y que la mayoría será condenada. Si estás lleno de amor por todos los seres humanos, este es un pensamiento muy terrible. Sé que algunos cristianos realmente creen esto. A mí me resulta difícil de aceptar. Por otro lado, existe el peligro de pensar que eres más

amoroso que Dios, y esperar que Dios se vuelva igual
de amoroso.

He luchado arduamente y por mucho tiempo con
esta cuestión. A los sesenta años, nunca he visto que el
odio sea parte de un encuentro con Dios, por ello he
tenido tantos problemas con el pensamiento de que
la mayoría de las personas nacen para ser condenadas,
aunque pudiera probarse como «bíblico» leyendo
la Biblia muy literalmente. Entonces, ¿cuál es la
respuesta? Para mí, consiste en reconocer que la Biblia
misma no es la Palabra viva, sino solo un testimonio de
ella. La Palabra de Dios solo puede ser hablada en tu
corazón por Dios mismo.

1Jn 2:6

Mr 10:39

Si queremos ser como Jesús —y toda persona debería
tratar de ser como él— debemos estar dispuestos a
cargar su cruz. Entonces la Palabra se volverá verdad
en nuestros corazones. Cuando nos encontremos
con Dios, vamos a temblar, como le sucedió a María

Lc 1:26–38

cuando se le apareció el ángel. Para recibir una vida
nueva tenemos que estar dispuestos para el dolor, la
pobreza espiritual y el sufrimiento interno del nacimiento. Cuando esta Palabra nace y se convierte en
carne, irradia amor y quiere vivir en Dios, *solo* en Dios.
Cuando la Palabra nace en nosotros, ya no deseamos
las tinieblas. Cristo nos despierta, nos libera de nuestros infiernos. Nos convertimos en un hermano de
Jesús, una hermana de Jesús y una madre de Jesús.

Mt 12:50

«Pues mi hermano, mi hermana y mi madre son los

que hacen la voluntad de mi Padre que está en el
cielo.» *Nos* convertimos en esa iglesia de Jesucristo.
Ahora podemos proclamar que Cristo en verdad
se hizo carne. No es un concepto intelectual, es un
cambio de vida.

Jesús es el gran médico. Un médico solo puede ayudar
a alguien que siga sus instrucciones. Una persona
enferma debe hacer lo que le diga el médico, la palabra
que habla en ese momento. Sobre todo, un paciente
debe dejar de intentar curarse a sí mismo, con sus
propias ideas o con los consejos de otras personas.

Éx 15:26 LBLA   Dios dijo: «Yo, el Señor, soy tu sanador». La medicina de Dios debe tomarse internamente; externamente
no sirve para nada. Si está tosiendo y el doctor le
receta una medicina, diciendo: «tome tres cucharaditas
cada tres horas», y usted no sigue las instrucciones, la
medicina no le ayudará. Es mucho más grave si Jesús
prescribe una medicina y la persona todavía piensa que
sabe más.

La medicina de Jesús sana completamente. Su cura
es su presencia. Él mismo es la medicina. Debemos
beber las palabras que nos dice. Jesús incluso va más

Jn 6:53–59   allá y le dice a sus discípulos: «si no comen la carne del
Hijo del hombre ni beben su sangre, no tienen real-
mente vida».

Creo que un poder salió de Jesús e hizo posible que
sus discípulos soportaran estas palabras. Estaba estricta-
mente prohibido para los judíos beber sangre; el único

judío que pudo decir estas duras palabras era el propio
Jesús. Tal lenguaje fuerte y picante podía ser aceptado solamente por hombres dispuestos a pagar todo
el precio. Los discípulos, que habían experimentado
el poder de la Palabra viva, no abandonarían a Jesús.

Jn 6:67–68
Cuando él les preguntó: «También ustedes quieren
marcharse?», Simón Pedro contestó: «Señor, ¿a quién
iremos? Tú tienes palabras de vida eterna».

El poder de la Palabra viva nos libera de la letra muerta

Jn 8:31–36
de la ley. Edifica una fe viva y gozosa. Esta fe viva y
gozosa produce obediencia a Dios, libre de la escla-

Ro 10:8
vitud a la letra. Solo reina el amor. El amor es libertad.

Dt 30:14
«La palabra está muy cerca de ti; la tienes en la boca y
en el corazón.» Cada individuo debe decidir si quiere
simplemente leer la Biblia o recibirla como una semilla
viva en su corazón.

Los ojos de Cristo ven nuestro caos y la destrucción
de nuestros corazones. Él será victorioso en nuestras
luchas. Si vemos sus ojos, sentimos el amor creativo
de Dios que hace todo nuevo. Jesús es Dios hablando;
Cristo es la Palabra viva del corazón de Dios. El
fuego de la Palabra de Dios es su amor. Si recibimos a

Mk 10:30
Cristo en nuestros corazones, experimentamos el gozo
increíble del Espíritu Santo, de unidad con hermanos y
hermanas. La iglesia vive en júbilo con la Palabra viva y
creadora, que le da todo honor a Cristo.

¿De qué sirve mirar el agua en un pozo, si no la
bebemos? ¿De qué nos sirve la Palabra de Dios o la
Biblia —incluso si memorizamos cada palabra— si no
penetra en las profundidades de nuestros corazones?
La Palabra es como agua viva, y el agua viva fluye en
cada raíz. Lo mismo es cierto para el cuerpo humano, y

Jn 4:13–14   también para la iglesia. Por eso Jesús dijo: «El que beba
del agua que yo le daré, no volverá a tener sed jamás,
sino que dentro de él esa agua se convertirá en un
manantial del que brotará vida eterna».

La cruz

El hecho de que la sangre de Jesús fue derramada por el perdón de los pecados es un misterio. Mucha gente dice: «Dios es tan grande, tan poderoso, que podría haber salvado a la humanidad sin la cruz». Pero eso no es cierto. Debemos recordar que Dios no solo es amor al cien por ciento, lo que le hubiera permitido perdonar nuestros pecados sin la cruz. También es cien por ciento justicia. El amor de Dios y la justicia de Dios tenían que revelarse al mundo de los ángeles, porque hay ángeles malvados así como ángeles santos.

Matar al Hijo de Dios fue el acto más malvado que se haya cometido. Pero fue justo a través de este hecho que Dios mostró su más grande amor y dio a todos la posibilidad de encontrar la paz en él y el perdón de los pecados.

De una carta: Necesitamos constantemente al Cristo crucificado dentro de nosotros. Para recibirlo debemos guardar silencio ante Dios una y otra vez. Cristo quiere vivir en nuestros corazones, para que podamos conquistar todas las cosas. Por medio de él, todo adquiere su verdadero significado. No hay otro fundamento para la verdadera paz del corazón que la unidad con él. Solo Cristo puede llevarnos a la plena confianza en Dios. En él encontramos el juicio más severo sobre toda maldad, pero también la revelación de su gracia amorosa.

Si no creemos en el poder del mal, no podemos
entender completamente a Jesús. No se puede negar
que él vino a salvar a la humanidad. Pero a menos
que entendamos que la razón principal de su venida

1Jn 3:7-10
fue para unirse a la lucha entre Dios y Satanás —para
destruir las obras de Satanás— no podremos entender
en su totalidad la necesidad de una muerte expiatoria
en la cruz.

El pensamiento de que Dios es todo amor puede
aislarnos del poder de su toque. La gente sabe que Dios
perdona el pecado, pero olvida que también lo juzga.

1Co 1:18-25
Hay algo en el pensamiento moderno que se rebela en
contra de la expiación. Tal vez nuestra idea de un Dios
todo amoroso nos impide querer enfrentar el juicio.
Pensamos que el amor y el perdón es todo lo que se
necesita; pero eso no es todo el evangelio, hace a Dios
demasiado humano.

De crucial importancia es que la cruz de Jesucristo
sea el centro de nuestros corazones: central en nuestro
llamado y central en nuestra misión. El Cordero de
Dios en la cruz permanece delante del trono de Dios.
La cruz es el centro del universo. Debemos experi-

Ap 5:6
mentar su significado en su altura, anchura y profundidad, como una revelación mística a través del Espíritu
Santo. No basta creerlo; debemos pedirle a Dios que
nos permita experimentarla de una manera viva.

Heb 9:14

La cruz es el único lugar donde podemos encontrar la purificación, no solo de la impureza sexual, sino de cualquier cosa que contamine el alma: engaño, asesinato, hipocresía, desamor y envidia. Podemos encontrar la purificación solo si encontramos al crucificado.

De una carta: Tener a la cruz como centro de nuestras vidas significa amar nada más que la cruz; cuando nos levantamos en la mañana, durante el día y en toda situación. En una boda dos personas prometen amarse el uno al otro hasta que la muerte los separe. Pero nuestro amor a la cruz debe ir más allá de la muerte, hasta la vida eterna.

Si un hombre se enfrenta a un criminal, lo juzgará o le mostrará misericordia. Solo Dios puede hacer ambas cosas en el mismo momento: juzgarlo e inundarlo con misericordia y compasión.

Si deseamos ayuda en nuestra angustia —y claro que experimentamos angustia— no debemos clamar a Dios primero sobre nuestro propio sufrimiento; debemos retroceder en nuestras mentes y corazones hasta donde comenzó el sufrimiento del mundo. Si nos presentamos ante Dios solo con nuestras propias cargas internas, le hacemos una injusticia. Pero si vemos cómo Dios ha sufrido desde la caída de Adán

—especialmente a través de la muerte de Cristo en la cruz— entonces podemos pedirle que nos libere de nuestra propia angustia.

Jesús vino a destruir las obras del diablo, y la enfermedad y la muerte son obras del diablo. Dios las permite, pero en Cristo también las toma sobre sí. Las últimas siete palabras de Cristo empiezan con:

Mt 26:39 LBLA «Padre mío, si es posible, que pase de mí esta copa; pero no sea como yo quiero, sino como tú quieras». No podemos imaginar todo lo que había en esa copa. Pero estaba dispuesto a aceptarla, y aunque no sentía la cercanía de Dios, aún así entregó su espíritu en las manos del Padre. Esa es la única manera de vencer las obras del diablo.

Cuando pienso en Jesús, veo su cruz arraigada en la tierra, elevándose a las alturas, con los brazos extendidos para recibir a todos los que se acercan a él. La cruz es el único lugar donde hay una victoria completa sobre la tentación, el pecado y el diablo. No hay otro lugar.

Dios quiere revelarnos la grandeza de la cruz. Todos conocemos sobre la cruz y su significado; todos creemos en ella; probablemente nos conmueve a todos; pero creo que Dios quiere que la cruz atraviese nuestros corazones, como si fuera una espada. No creo que ninguno de nosotros pueda imaginar lo que significa

que Cristo haya experimentado el abandono de Dios,
para que pudiéramos encontrar el perdón del pecado y
la vida eterna en Dios.

Debemos orar para que sean vencidos todos los
obstáculos en nuestros corazones, para que podamos
experimentar la muerte de Jesús en su plenitud.
Todavía no hemos sido lo suficientemente conmovidos
por su sufrimiento inocente y su muerte en la cruz.
Jesús dio su sangre para que cada corazón arrepentido
pueda recibir el perdón de pecados. Sus brazos están
bien abiertos, como estaban en la cruz, para todos los
creyentes arrepentidos.

Sabemos que muchas cosas dependen de nuestra
voluntad, y sin embargo sabemos que somos incapaces
de lograr por nosotros mismos un nuevo nacimiento
del Espíritu Santo, tal como lo experimentó la gente en
Pentecostés. Debemos entregar nuestras almas, mentes
y corazones a Dios y decir: «¡Cámbialos!». Necesitamos
cambiar en todo lo que concierne al pasado, al presente
y al futuro, para ser cautivados por la dolorosa muerte
de Cristo y por su resurrección.

Debido a que estamos preocupados por nosotros
mismos —porque nuestros corazones están llenos de
amor propio, envidia y otras cosas—, no podemos
responder como lo hizo la gente en Pentecostés. En ese
tiempo, el Espíritu vino y atravesó sus corazones como
una espada cortante atraviesa los huesos y la médula.
Y así debe ser nuestra súplica hoy: Danos tu Espíritu

Heb 4:12

Santo y atraviésanos. ¡Ten misericordia de nosotros y
cámbianos en lo más profundo de nuestro ser!

Si queremos seguir los pasos de Jesús, debemos reconocer que hay un tiempo de Dios para todo, ya sea con
el matrimonio, la misión, la persecución o la misma
muerte. Ya no podemos determinar nuestro propio
tiempo para estas cosas, porque nos hemos entregado
de tal manera que el tiempo de Dios es nuestro propio
tiempo, ya sea de alegría, de dolor o bebiendo la copa
amarga hasta la última gota con Jesús.

Para aquellos que más quiero, solo les deseo que
estén listos para beber la copa amarga hasta lo último.
Es mucho más fácil para nosotros de lo que fue para
Jesús, porque él ha pasado antes que nosotros por el
camino del sufrimiento hasta el final. Debemos arder
con tanto amor hacia él, para que podamos beber
con gozo la copa destinada para nosotros, y hasta la
última gota.

Jesús tomó el camino de la cruz por nuestra causa.
Pero sufrió en vano si no estamos dispuestos a morir
por él, a perdernos por él. Pidamos a Dios que
cambien nuestros pensamientos y sentimientos por su
muerte en la cruz, su descenso al infierno, su resurrección y su ascensión al cielo.

Debes encontrar la humildad de la cruz. Puedes buscar en todo el mundo, pero no encontrarás en ninguna parte el perdón de los pecados, excepto en la cruz.

Lc 9:23-25

No podemos experimentar a Jesús, sin experimentar la cruz. Su persona irradia el camino del sufrimiento. Mediante su sacrificio, su gran amor por todos los seres humanos inunda nuestros corazones, y se convierte en nosotros en un impulso para salir a salvar a los que están en las garras de las tinieblas. Si amamos a Jesús, el deseo de sufrir por él surgirá de forma natural. No puedo imaginar cómo uno puede seguir a Jesús, sin una profunda comprensión de su camino de sufrimiento.

Para experimentar los grandes pensamientos de Dios, tenemos que superar nuestras luchas personales. Experimentar la salvación personal a través de la cruz es importante, pero quedarse en esa etapa es inútil. La cruz es mucho más grande que lo personal, abarca toda la tierra y mucho más que esta tierra.

Col 1:15–20

Hay secretos que solo Dios conoce. La muerte de
Cristo en la cruz es uno de esos misterios. La Biblia
dice que a través de la cruz, no solamente esta tierra,
sino también el cielo y todos los poderes y principados
que pertenecen al mundo angelical, serán reconciliados
con Dios. El ser humano, y tal vez incluso los ángeles,
no pueden conocer los misterios que están detrás de
todo esto. Pero una cosa sí sabemos: Cristo venció a la
muerte, el enemigo final. Y a través de la cruz, ocurrió
algo que tuvo un poder mucho más allá de los límites
de nuestra tierra, mucho más grande de lo que nuestras
almas puedan comprender.

Salvación

Mt 25:1–13 *De una carta:* En su parábola de las diez vírgenes,
Jesús enfatiza la realidad del castigo por el pecado y
la pérdida de la salvación eterna. La idea del castigo
1Jn 4:18 eterno es ciertamente aterradora. Pero Juan escribe que
el amor perfecto echa fuera el temor, porque el que
teme todavía piensa en el castigo, y el que piensa en
el castigo no ama con plenitud. La tensión entre estos
dos extremos —el miedo al castigo y el amor que echa
fuera todo temor— solo puede superarse mediante la
experiencia del amor.

Si amas a alguien muy profundamente, no le tendrás
miedo. De la misma manera, si amas de verdad a Jesús,
no le temerás. No puedes servir a Jesús por temor.

2P 3:9 La voluntad de Dios es que todos los seres humanos
sean redimidos y que ninguno se pierda. Sin embargo,
los Evangelios también dicen muy claramente que
ninguno de nosotros será salvo, a menos que experimentemos el nuevo nacimiento por medio del Espíritu
Santo, a menos que pasemos por el arrepentimiento y
la conversión y encontremos la fe. Y Jesús, que tiene
un amor más grande que cualquier humano, habla con
claridad de la perdición. Aunque Dios es todopoderoso, y aunque su voluntad expresa es que todos sean
salvos, no impone su voluntad sobre nosotros, su natu-
Hch 8:32 raleza es la del cordero: Cristo; y la paloma: el Espíritu
Mt 3:16 Santo. Así que depende de nosotros como individuos,

si nos abrimos o no a la gracia del nuevo nacimiento.
Sin embargo, primero debemos volvernos humildes
y quebrantados, ya que el nuevo nacimiento no es
posible sin el juicio severo. El juicio de Dios es amor.

Ro 8

En Romanos 8, Pablo habla de la salvación de los
elegidos o escogidos. Uno podría preguntarse: «¿Qué
pasará con los demás? ¿También serán salvos?». Pedro
arroja luz sobre esta cuestión en su segunda carta,

2P 3:9

donde escribe: «El Señor no tarda en cumplir su
promesa, según entienden algunos la tardanza. Más
bien, él tiene paciencia con ustedes, porque no quiere
que nadie perezca sino que todos se arrepientan». Está
claro, entonces, que la voluntad de Dios es que todos,
incluyendo sus enemigos, se arrepientan y encuentren
la salvación. Pero podemos resultar culpables por jugar
con su paciencia.

Cuando Cristo es victorioso en nuestros corazones, no
es el resultado de una lenta evolución, no significa que
uno se vuelva cada vez mejor. Significa juicio y luego

Ap 5:6

cambio. La tibieza no es una opción. Una persona se
volverá completamente a Jesús o, al final de cuentas,
será juzgada.

Toda la idea de la condenación del individuo
pecador es muy difícil de aceptar y de reconciliar con
el amor de Jesús, como lo reveló tan poderosamente
en la cruz del Gólgota. Pero cualquiera que siga atado

1Co 6:9–11 al pecado no puede entrar en el reino de Dios, de lo contrario el mundo seguiría dividido y con maldad. No comprendemos la plenitud del amor de Dios. Sin embargo, sabemos que Jesús lleva los pecados del mundo entero y permanece delante del trono de Dios. Su sacrificio por la redención del mundo es el punto central. Nunca debemos perderlo de vista.

Cuando era niño siempre tuve la sensación de que algún día las masas —la clase obrera— cambiarían para acercarse más a Dios. Tal vez fui influenciado por muchos anarquistas, socialistas y socialistas religiosos que se quedaron en nuestra casa. Pero cuando fui mayor, leí en el libro de Apocalipsis cómo las copas de Ap 16 la ira, una tras otra, se derramaban sobre la tierra, y que a pesar de eso los hombres no se arrepentían. Esto fue muy duro para mí. No podía aceptar la idea de que solo una fracción muy pequeña de la humanidad fuera a salvarse. Eso iba en contra de toda mi manera de pensar. Escudriñé la Biblia —los profetas y el Nuevo Testamento— con esta cuestión en mente.

Cuando leí el Evangelio de Juan, encontré el lugar donde Jesús dice que el juicio vendrá sobre la tierra: Jn 12:31–32 «El juicio de este mundo ha llegado ya, y el príncipe de este mundo va a ser expulsado. Pero yo, cuando sea levantado de la tierra, atraeré a todos a mí mismo». No sé cómo lo hará Jesús, pero sí creo que atraerá a todas las personas hacia sí mismo, y que no murió en la cruz solo por unas pocas. Jesús dice que el camino

Mt 7:13–14

a la verdad es estrecho y que pocos lo encontrarán, que la mayoría de la gente andará por el camino ancho que conduce a la perdición. Indiscutiblemente esto es cierto, pero sería terrible si pensáramos que nosotros mismos hemos encontrado el camino estrecho, y no tuviéramos amor por los que van por el camino ancho.

Jn 8:1–11

Jn 8:59

Jn 8:31–36

Jn 8:24

Jn 8:51

El capítulo 8 de Juan empieza con los fariseos queriendo apedrear a una mujer sorprendida en adulterio, y termina con su intento de apedrear a Jesús. Jesús enfureció a los judíos, porque habló con franqueza sobre quién era, cuál era su misión, y cómo había venido para salvar a la humanidad. El capítulo plantea una pregunta decisiva para nosotros y para cada individuo: ¿Estamos dispuestos a creer en las palabras de Jesús o dudamos de ellas? Jesús dice que si no creemos, somos esclavos; no somos libres aunque creamos que lo somos. Dice que no hay otra manera de encontrar la libertad, la redención y la liberación, sino a través de la fe en él.

Dice también: «Si no creen que yo soy el que afirmo ser, en sus pecados morirán» y «Les aseguro que el que cumple mi palabra, nunca morirá». Estas palabras tuvieron que decirse, porque son verdaderas y perduran para siempre. Si encontramos la fe, encontraremos la libertad del pecado, del miedo a la muerte y de la falta de amor de nuestro tiempo. Pero si no encontramos la fe, seguiremos siendo esclavos de estas cosas. El desafío para cada uno de nosotros es amar a Jesús y aceptar la libertad que nos ofrece.

Mt 25:1–13   En la parábola de las diez vírgenes, Jesús no estaba
hablando del mundo, sino de los cristianos. Todas las
que fueron a recibir al novio eran vírgenes; es decir,
todas eran cristianas. Pero cinco de ellas eran sabias y
cinco eran insensatas. Todas tenían el envase externo,
es decir, la vasija. Pero no todas tenían aceite. El aceite
del que habla Jesús es el Espíritu Santo, la vida que
viene de Dios, y solo cinco de ellas lo tenían.

Mt 5–7   En las bienaventuranzas vemos las marcas de los
que tienen el Espíritu Santo. Son pobres en espíritu,
lloran, son mansos, tienen hambre y sed de justicia,
son misericordiosos y puros de corazón, son pacifica-
dores y padecen persecución por causa de la justicia.
De hecho, todo el sermón del monte nos dice cómo
debemos vivir: nunca debemos orar sin perdonar a
nuestro hermano; debemos amar a nuestros enemigos
y bendecir a los que nos maldicen; no debemos
acumular dinero ni tesoros en la tierra; debemos poner
toda nuestra confianza en el Padre; y no debemos usar
la violencia.

Es un juicio severo que a las vírgenes insensatas
no se les permitiera entrar en el reino de los cielos, y
representa un doble llamado para nosotros. El primero
es velar y esperar al Espíritu Santo, para que cambie
nuestra alma y nuestro ser, y para que podamos
nacer de nuevo, para que Jesús nos cambie cada día.
El segundo es vivir por los que están con nosotros
en el camino para recibir al novio, y para llamarlos
a mantener aceite en sus lámparas. No basta con la
forma exterior; no basta con vivir en comunidad o

seguir las formas externas del cristianismo, incluso hasta el último detalle. El discipulado debe surgir de un corazón vivo.

Lc 1:15

Puede ser que Dios predestine a ciertas personas para que sean suyas. Está claro que Juan el Bautista fue escogido antes de su nacimiento, y también puedo imaginar que el apóstol Pablo estaba destinado a ser lo que fue mucho antes de nacer. Pero si existe tal cosa como que ciertas personas sean destinadas por Dios para ser suyas, incluso antes de que nazcan, entonces, ¿qué sucede con todos los demás? En el Antiguo Testamento leemos: «¿Acaso creen que me complace la muerte del malvado? ¿No quiero más bien que abandone su mala conducta y que viva?». Y en el Nuevo Testamento leemos: «No quiere que nadie perezca sino que todos se arrepientan». Así que la Biblia deja claro que Dios quiere que todas las personas sean salvas.

Ez 18:23

2P 3:9

Lc 22:31–32

Jesús le dijo a Simón Pedro: «Simón, Simón, mira que Satanás ha pedido zarandearlos a ustedes como si fueran trigo. Pero yo he orado por ti, para que no falle tu fe. Y tú, cuando te hayas vuelto a mí, fortalece a tus hermanos». Yo creo que Satanás pide zarandearnos a nosotros también, y debemos pedirle a Jesús que ore por nosotros, que nuestra fe no falle, también por el bien de nuestros hermanos.

Lc 22:61

Cada vez que fallo, siento profundamente las palabras: «El Señor se volvió y miró directamente a Pedro». Estoy seguro de que Jesús ha volteado y nos ha mirado muchas veces con mucha tristeza. Cuando Jesús dijo que Pedro lo negaría, no estaba declarando simplemente un hecho predestinado que no le afectaría. Le dolía incluso cuando sabía de antemano que iba a suceder. Fue lo mismo con Judas. Cuando Jesús

Jn 13:21

se estremeció y dijo: «Les aseguro que uno de ustedes me va a traicionar», sufrió una verdadera agonía. Que todos tengamos un corazón abierto ante la mirada de Jesús hacia nosotros. Quiere proteger a sus seguidores, pero incluso después de ser escogidos por él todavía están en peligro de perderse.

Ay de nosotros si pensamos que llegaremos al cielo porque vivimos en comunidad. Si creemos esto, no amamos a Cristo lo suficiente.

Pablo escribe en su carta a los Romanos que Jesús vino no solo por los judíos, sino por toda la humanidad.

Ro 2:28

Sigue diciendo: «Lo exterior no hace a nadie judío, ni consiste la circuncisión en una señal en el cuerpo. El verdadero judío lo es interiormente». De la misma manera, el cristiano verdadero no se reconoce por lo exterior, aunque sea bautizado. Derramar agua sobre una persona, o sumergirla en agua, por sí mismo no

Ro 2:29 PDT

sirve para la salvación. «La verdadera circuncisión está

Gá 5:1, 6

en el corazón y se hace por el Espíritu, y no por lo que
está escrito. El que tiene la circuncisión de corazón,
por el Espíritu recibe la aprobación de Dios y no la
de los demás.» Este es un punto importante: la fe no
consiste en preceptos escritos. Pablo se refería a la ley
de Moisés, pero también en la actualidad podemos ser
esclavizados por leyes escritas, este es uno de nuestros
dilemas. No debemos renunciar nunca a la libertad
del Espíritu, solo en ella podemos encontrar la paz
con Dios.

Aunque no entendamos completamente los pensamientos de Pablo en cuanto a la salvación, el corazón y
el sentido de sus palabras son muy fáciles de entender:
los fariseos cumplían la ley, pero seguían siendo hipócritas orgullosos, mientras que «sostenemos que todos
somos justificados por la fe, y no por las obras que la
ley exige».

Ro 3:28

El Espíritu Santo

El Espíritu Santo es como el agua, que busca el lugar más bajo. Él viene solo a los quebrantados y humildes de corazón.

Hch 1:4

Después de que Jesús resucitó de los muertos y ascendió al cielo, los discípulos esperaron en Jerusalén por el don prometido del cielo. Su expectativa y espera los mantuvo unidos día tras día. Y entonces vino el Espíritu Santo, como un viento recio y como fuego

Hch 2:1–13

ardiente. Todos podían escuchar el mensaje de la gloria de Dios en su lengua materna.

Hch 2:22–41

Entonces Pedro desafió a la multitud: «Jesús... *ustedes* lo mataron, clavándolo en la cruz. Sin embargo, Dios lo resucitó». La gente, profundamente conmovida de corazón, le preguntó a Pedro: «¿Qué debemos hacer?». Estaban conscientes de su pecado. Es posible que algunos hubieran gritado: «¡Crucifíquenlo!», dos meses antes. Pedro dijo: «Cambien de vida y cambien su corazón, y bautícese cada uno de ustedes en el nombre de Jesucristo para perdón de sus pecados».

¡La oferta de Pedro fue tan sorprendente que tres mil personas se reunieron en la iglesia! Este gran evento del derramamiento del Espíritu Santo fue la fundación de la iglesia, la primera iglesia viviente y misionera.

Todos necesitamos al Espíritu Santo. Hay muchos espíritus operando en la actualidad que son impuros, destructivos, rebeldes, asesinos e injustos. No podemos unirnos en una verdadera comunidad, ni siquiera un día, sin el don del Espíritu Santo. Ya sea en nuestro trabajo, nuestra adoración, nuestro canto o nuestro silencio, esperamos este Espíritu: el Espíritu que nos fue prometido mediante la muerte de Jesús.

Cuando el espíritu se derrama sobre un grupo de personas expectantes, algo sucede para el mundo entero. Por lo tanto, cuando oramos por el Espíritu Santo, debemos pensar más allá de nosotros mismos y pedirle a Dios que irrumpa en este mundo impío.

Mt 3:16

Cuando Jesús fue bautizado, el Espíritu Santo descendió sobre él «como una paloma». Los reyes siempre han tenido emblemas, pero suelen ser algo como un león, un águila o un oso, algo que derrama sangre y es poderoso. Una paloma es mansa. No le hace daño a nadie. Huye de las aves de rapiña. Desde la caída de Adán, todos somos aves de rapiña y ahuyentamos al Espíritu Santo. Si nos resistimos, el Espíritu se retira. Pero si somos humildes y lo buscamos, él vendrá a nosotros. Él viene sin coerción, ni fuerza, y se queda donde sea aceptado.

Hch 4:31–35

La experiencia del Espíritu Santo nunca puede permanecer como una experiencia individual: conducirá hacia la comunidad. Cuando el Espíritu descendió sobre los discípulos en Jerusalén, se convirtieron en personas de un corazón y un alma; estaban tan llenos

de amor que ya no podían vivir para sí mismos. Ese
es el don más grande: experimentar la unidad con
Jesucristo en comunidad con los demás.

Mt 23:23–24

Jesús rechaza toda actividad espiritual que no se
demuestre por obras de amor honesto y fraternal. Él
es inflexible. Se opone tajantemente a los preceptos
humanos y religiosos que olvidan sus principales
mandamientos de amor, misericordia y compasión.

¿Cómo podemos vivir más plenamente en el Espíritu?
Tomemos a María, la madre de Jesús, como nuestro
ejemplo. María creyó, obedeció, el Espíritu vino a
ella y Jesús nació. La obra de Dios comenzó en lo
más íntimo de su corazón. Al igual que María, la
iglesia recibe a Jesucristo por medio del Espíritu
Santo. Cuando obedecemos a Jesús —especialmente
sus palabras en el sermón del monte y sus súplicas de
despedida por los discípulos en el Evangelio de Juan—,
el Espíritu vendrá a nosotros y Cristo nacerá de nuevo
en nuestros corazones.

Debemos aceptar la vida y la sangre, el espíritu y el
alma de Jesús mismo. Se necesita la vida y la muerte de
Jesús para librarnos de la culpa, porque fue ejecutado
siendo inocente. La vida pura de Jesús —su alma llena
del Espíritu Santo— fluyó desde su cuerpo. Su Espíritu

puro trajo el reino. Él es la fuente del Espíritu viviente
que viene al espíritu humano.

Lc 23:46

El crucificado puso su espíritu en las manos de su
Padre. De su Padre envió al Espíritu Santo a la iglesia.
Él es el comandante y el Señor de la iglesia. Cristo

Ro 14:7–8

viene a nosotros en el Espíritu Santo, y ahora ya no
vivimos para nosotros mismos, sino para él. Jesucristo

1Jn 4:16

mismo está en medio de todos los que creen en él.

Jn 13:34–35

Jesús dijo que nos amáramos unos a otros. No quiere
decir que amemos a algunas personas y seamos indiferentes con otras. Quiso decir que debemos amar a
todos. Eso fue lo que sucedió en Pentecostés. Los que
fueron prendidos por el Espíritu eran de un corazón
y un alma. Todos estaban incluidos en este amor. No
había camarillas, no se despreciaba a unas personas, ni
se consideraba a otras como superiores. Lo que sucedió
en Pentecostés fue una experiencia de amor y el resultado fue la comunidad. Dios es amor.

De una carta: Difícilmente existe algo más maravilloso
que Pentecostés, cuando el Espíritu Santo fue derramado sobre los discípulos de Cristo. El amor entre
ellos era tan grande que se convirtieron en personas
de un corazón y un alma, y proclamaron el evangelio, aunque sabían que tenían que sufrir por ello.
Imploremos al Espíritu Santo para que llene también
nuestros corazones con llamas de fuego, para que

podamos trabajar por la causa de Cristo en un mundo que sufre.

Todos anhelamos la libertad en lo profundo de nuestro ser, libertad de cualquier cosa que nos ata a las tinieblas, incluso a nosotros mismos. El Espíritu de Dios es ilimitado y libre. Cuando respondemos al corazón y al espíritu de Jesús, tenemos una profunda libertad interior, relaciones genuinas, y un verdadero entendimiento de los demás. Jesús se opone a toda exhibición externa. Las leyes o mandamientos que no provengan de lo profundo de nuestros corazones tienen un efecto insensibilizador y mortífero. Si tomamos los mandamientos literalmente, sin el Espíritu —el Espíritu libre—, son menos que nada. Lo que todo el mundo anhela es una relación con el corazón de Dios.

2Co 3:17–18

Mt 6:1–18

De una carta: Amados hermano y hermana, les deseo el descubrimiento de que la alegría es vida y la vida debe ser alegría. Solo tenemos que rendirnos a la voluntad de Dios y morir a nuestra propia voluntad para experimentarlo. Entonces entenderemos las palabras de Jesús a Nicodemo sobre nacer de nuevo y la venida del Espíritu Santo. Debemos orar por los dones del Espíritu Santo: paz, fe, gozo y amor.

Jn 3:1–21

1Co 12–13   Si le pedimos a Dios los dones del Espíritu, estemos
alertas de no buscar ser honrados por la gente. Para
nosotros podemos pedir sabiduría, un corazón puro,
más fe, esperanza y amor, más paciencia y compa-

Gá 5:22–23   sión. Pero nadie debería pedir los dones apostólicos o
poderes milagrosos para sí mismo. Más bien, debemos
pedir esos dones para todo el cuerpo de Cristo. Todos
tenemos que morir con Cristo, al grado de quedar
sordos ante la alabanza humana. Por favor, nunca me

Jn 5:41, 44   alabes. Jesús advirtió a los fariseos sobre esto: «La gloria
humana no la acepto… ¿Cómo va a ser posible que
ustedes crean, si unos a otros se rinden gloria pero no
buscan la gloria que viene del Dios único?».

Jesús nos advierte sobre utilizar las palabras religiosas
sin obras. Tenemos que proclamar a Jesús, pero esto
no significa que siempre tengamos en nuestros labios:

Mt 7:15–23   «Señor, Señor». Una buena conciencia responde con
alegría cada vez que alguien habla desde el Espíritu
Santo. Pero cuando alguien habla desde su propio
carisma o personalidad, y se desplaza del centro a
Jesús, se hiere al Espíritu Santo. No nos convertimos
en santos después de que nacemos de nuevo. Seguimos
siendo gente pecadora, que necesita la gracia del
perdón cada día. Esto se vuelve muy real cuando nos
enfrentamos a la seriedad del juicio de Dios.

Jn 14:26 El Espíritu Santo nunca da testimonio de sí mismo; siempre da testimonio de Jesús.

1Co 2:1–5

Mt 26:75 Proclamar verdaderamente a Cristo significa que él debe vivir en ustedes. El mismo Pedro negó a Jesús tres veces y lloró con amargura por ello. Y no se le permitió ser el pastor del rebaño de Dios, hasta que se

Jn 21:15–17 le preguntó tres veces si amaba a Jesús. Pedro no podía trabajar en la viña de Dios antes de eso, antes de haber recibido el Espíritu del santo amor de Dios.

Después de la resurrección, Cristo sopló sobre los

Jn 20:22 apóstoles y les dijo: «Reciban el Espíritu Santo». Este mismo Espíritu descendió sobre ellos de nuevo en Pentecostés. Estas fueron experiencias impresionantes, que no deberíamos tratar de copiar. Pienso que la gente habla demasiado a la ligera sobre ser llenos del Espíritu. En la iglesia primitiva, cuando el Espíritu Santo fue derramado, la gente se arrepintió. Donde no se sienta el arrepentimiento, ten cuidado. Si no nos hemos arrepentido honestamente, y si no creemos en Jesucristo, no hemos recibido el Espíritu Santo.

El Espíritu atraviesa los corazones como una espada
que corta hasta los huesos y la médula.
Imploramos: danos tu Espíritu Santo
    y atraviésanos profundamente en el pasado,
    en el presente, y en el futuro.
Que Jesús entre a fondo en nuestros corazones y
    los cambie.
Que alcance con su mano nuestro pasado,
    hasta el mismo comienzo de nuestro ser.
El Espíritu Santo puede cambiar todas las cosas.
Lo creemos.
Por eso, Jesús experimentó el abandono de Dios en
    la cruz.

Como consecuencia de la caída de Adán, todos
luchamos contra el terrible arrastre degradante del
pecado; una inclinación hacia el orgullo y la envidia
y toda clase de pecado. Nos contaminan demonios
de malos pensamientos y sentimientos. El amor
propio y la vanagloria se mezclan con nuestras buenas
intenciones. Debemos luchar con total intensidad y
determinación para purificarnos de todo mal.

Jesús vino a destruir las obras del diablo. También
dijo estas maravillosas palabras: «Si expulso a los
demonios por medio del Espíritu de Dios, eso significa que el reino de Dios ha llegado a ustedes». He
leído este pasaje muchas veces y me consuela y anima.
Esta promesa puede fortalecer a cualquier alma que
sea tentada.

Ro 5:12

Mt 12:28

En todas nuestras luchas, debemos mirar a la cruz. Allí, en la oración, cualquier alma que busque puede encontrar la victoria. Pero acudir a la cruz también significa muerte. En la muerte, a los pies de Jesús en la cruz, encontramos la victoria sobre cualquier diablo o demonio. Podemos experimentar el reino de Dios ahora, en el Espíritu Santo. Debemos morir para que Cristo irradie desde nosotros.

El reino de Dios

Está muy claro que el reino de Dios no puede existir
donde se lancen bombas sobre personas y naciones,
sean culpables o inocentes; donde exista odio racial
entre personas; donde haya una distribución tan
desigual de alimentos que algunas personas mueren
de hambre mientras otras tienen comida de sobra; o
donde la gente no pueda encontrar trabajo debido a la
automatización.

Si realmente vemos lo que es la injusticia en el
mundo, anhelaremos el reino de Dios. Solo cuando
cambien los corazones de las personas hacia el amor
y la paz, entonces irrumpirá su justicia. Sin embargo,
los que siguen indiferentes no pueden participar en el
Mt 3:2 reino. Por eso Juan el Bautista dijo: «Arrepiéntanse,
porque el reino de los cielos está cerca». Y Jesús dijo:
Mt 6:33 «Busquen primeramente el reino de Dios y su justicia,
y todas estas cosas les serán añadidas».

Jesús vino a preparar a todos los seres humanos para
el reino de Dios, que todavía no ha llegado, como
sabemos muy bien. Nos dijo que el reino estará entre
nosotros cuando amemos a Dios con todo nuestro
corazón y alma, y cuando amemos a nuestro prójimo
como a nosotros mismos. ¡Ojalá lo hiciéramos, no solo
con palabras sino con hechos!

Jesús no vino como un gran rey o presidente, sino como un humilde bebé. Esto es lo que la gente no ha entendido. Él proclamó la venida del reino de Dios. Quizá nunca ha habido un momento en que se necesite con tanta urgencia como en el presente. Los hombres tienen más poder que nunca, y el poder de sus armas es aterrador. Las relaciones entre personas, razas y naciones no están resueltas, y gobiernan los que tienen dinero. Jesús dice que debemos volvernos pobres. Si le obedecemos y renunciamos a los privilegios mundanos y al poder sobre las personas, nuestros corazones serán liberados para el reino de Dios. ¡Oh, si solo pudiéramos vislumbrar lo que significa este reino: arrepentimiento, amor rebosante y el gobierno de Dios sobre todas las cosas!

Mt 19:21

Las naciones están construyendo su libertad y seguridad con las armas más peligrosas que jamás hayan existido. Pero somos llamados a construir nuestra seguridad sobre algo distinto: lo que es de Dios. Y anhelamos que algo de Dios sea dado a todas las naciones. No basta con llevar incluso la vida de paz más perfecta en nuestra iglesia comunidad. Nuestro anhelo será cumplido solamente cuando toda la tierra esté bajo el reinado de Dios, no el dominio de la fuerza.

Jn 6:11–15

Cuando Jesús alimentó cinco mil personas, con cinco panes y dos peces, sucedió algo digno de mención:

Jn 6:26–69

la gente quería obligarlo a convertirse en su rey.
Pero Jesús les dijo: «Ustedes me buscan... porque
comieron pan hasta llenarse», y los rechazó. Luego,
aquellos que querían hacerlo rey, lo dejaron. Algunos
de ellos incluso fueron hostiles. Después de eso,
Jesús les dijo a los doce: «Todos los demás se han ido,
¿quieren dejarme ustedes también?». Debemos estar
preparados para responder esta pregunta: ¿Queremos
irnos también?

Es significativo que la gente quiso hacer rey a Jesús
solo después de que les diera pan. Esto no sucedió
ni siquiera cuando resucitó a alguien de entre los
muertos. No hay nada malo en esperar que Dios nos
dé pan, o en esperar que Jesús responda a nuestras
necesidades. Jesús nos enseñó a pedirle a nuestro Padre
por nuestro pan de cada día. Pero lo que rechaza tan
rotundamente es la construcción de un reino en ese
nivel tan materialista. Prefiere perder a sus discípulos
que construir su reino sobre un fundamento falso.

Jesús ofrece darse a sí mismo a cada uno de nosotros en la medida en que nos convirtamos en una sola
carne y una sangre con él. Esto no es una filosofía, sino
alimento verdadero: es vida. Cambia todo para el que
lo experimenta, no solo en ese momento, sino por toda
la eternidad.

Cristo nos promete la vida eterna en un reino
basado en la fe, no en el trabajo y el pan. Normal-
mente un rey exige la sangre de sus súbditos. Pero
Cristo dio su sangre por sus súbditos. Dio su vida
y su cuerpo por las vidas de otros. En el momento

en que Cristo ofreció su cuerpo a sus discípulos, él
tenía —hasta donde sabemos— el mayor número de
seguidores de su vida. Pero después de esto muchos
lo dejaron. Por eso Jesús les preguntó a los doce:

Jn 6:38

«¿También ustedes quieren marcharse?». La respuesta
de Pedro es maravillosa: «¿A quién iremos? Tú tienes
palabras de vida eterna».

Es importante que decidamos si solo queremos una
iglesia bonita con Jesús como su rey, o el camino de
la cruz. Esto debe quedar muy claro para nosotros: el
camino de Jesús es el camino de la cruz, de un cambio
personal completo, de una sociedad con una base
completamente diferente a la del trabajo, el pan y los
privilegios. Debemos estar dispuestos a estar rodeados
de enemigos y ser despreciados por seguir el camino
de Jesús.

La manera en que la sociedad se ha desarrollado en
este siglo, de tremenda injusticia y derramamiento de
sangre, nos demuestra que la salvación y la redención
no pueden venir de los humanos; deben venir de Dios.
Por ello, con mayor razón debemos pedir a Dios que
revele una vez más su reino de justicia y rectitud entre
los hombres.

Jesús es el reino de Dios. Cuando perdonó los pecados,
ese era el reino de Dios. Cuando reunió a sus amigos
en unidad, ese era el reino de Dios. Cuando expulsó

El reino de Dios

Mt 12:28   a los demonios y espíritus impuros, ese era el reino de
Dios. Cada acción de su misión entre los hombres era
el reino de Dios.

A veces me pregunto si nuestra comunidad no ha olvidado por completo el reino de Dios, y si la distinción
entre la salvación personal y el reino está lo bastante
clara para nosotros. Ambos son de gran importancia.
La salvación eterna es muy importante, es maravilloso
experimentar la cercanía a Cristo y ser redimido por él.
¡Pero el reino de Dios es todavía más grande!

Mt 4:17   La cercanía del reino de Dios no se puede medir en
términos de tiempo. Jesús dijo: «El reino de los cielos
está cerca». Y aunque parezca paradójico, estaba más
cerca en ese tiempo de lo que está ahora. No estaba cerca
en términos de tiempo, sino en términos de espacio.

Stg 5:16   Es preciso pelear y luchar por el reino de Dios. Las
Mr 9:29   oraciones de hombres y mujeres tienen tremenda
influencia en esta lucha.

Si amamos a Cristo y su causa, nos interesaremos de
corazón en su reino. Cristo vino a esta tierra y sufrió
para traer el reino a la tierra, y a su iglesia se le ha

encomendado la gran tarea de la misión por este reino.
¡Qué cosa tan poderosa es vivir para el reino de
Dios! No retrocedas. Vívelo; búscalo y descubrirás
que es tan poderoso que te abrumará por completo,
pues resolverá cada problema sobre la tierra. Todo será
nuevo y cada persona amará a su prójimo en Cristo.
Se superará toda separación causada por la muerte, y
reinará el amor.

La comisión que Jesús nos da como iglesia es trabajar
por su reino y para su reinado futuro. No hay nada
más grande en la tierra que trabajar por esto. ¡Vivamos
intensamente y usemos nuestro tiempo para el reino!
¡Amémonos unos a otros!

Dios necesita un lugar en la tierra donde pueda
irrumpir. Ese lugar estaba ahí, en María, cuya disposición hizo posible que Cristo naciera en Belén. Si Dios
puede entrar hasta en un lugar, sea en Belén, China,
Rusia, Vietnam —en un corazón humano en cualquier
parte— es como si se abriera una puerta. Si la puerta
de una habitación se abre, aunque sea un poco, la luz
puede entrar. Y si la luz de Dios entra y cambia los
corazones de solo dos o tres personas en la tierra, afectará a todos los demás. Afectará incluso a presidentes,
primeros ministros, generales y soldados. No puedo
creer que los seres humanos estén tan aislados unos de

otros que no tenga ningún efecto en ellos.

Así como por medio de Adán toda la humanidad

Ro 5:12–21 cayó, así también por medio de Jesús —el «segundo
Adán», el hombre verdadero y el mismo Dios— toda
la humanidad puede encontrar libertad, sanación
y redención.

Invoquemos a Dios y pidámosle que podamos luchar
por su reino. Cuanto más profundamente entremos en
esta lucha, con mayor profundidad experimentaremos
la cruz de Cristo, la resurrección y Pentecostés, y el
reino estará más cerca de nosotros. ¡Vivan intensamente en la expectativa del Señor! El que no espera en
el Señor en cada aspecto de su vida, no espera en absoluto. Cada noche me hago esta pregunta: ¿de verdad he
amado lo suficiente, he tenido suficiente esperanza, he
luchado suficiente, he trabajado suficiente? La expectativa del reino debe conducir a las obras.

Karl Barth* dijo una vez que la revelación del reino de
Dios debe ser algo completamente diferente a nosotros, algo del todo independiente de nosotros, que no
podemos mezclar con nosotros mismos. Esto es, creo,
un reconocimiento muy importante. A menos que
muramos a nosotros mismos por su causa, seguiremos
en oposición a él y no seremos dignos de él.

---

* Karl Barth, teólogo suizo, 1886–1968.

Dios pudo haber cerrado la historia humana en el
Gólgota, cuando Jesús venció al diablo y a la muerte.
Pero no lo hizo y la maldad tuvo otra oportunidad.
Esto es un misterio para nosotros. Muchas personas
de todas las naciones se ganan para el reino de Dios,
pero muchas otras quedan engañadas. No me atrevo
a adivinar por qué esto es así, pero sé que Dios es el
soberano del universo y que su juicio debe prevalecer.

Ap 14:9–10 Leemos sobre aquellos que son engañados: «Si alguien
adora a la bestia y a su imagen, y se deja poner en
la frente o en la mano la marca de la bestia, beberá
también el vino del furor de Dios». No sabemos
cuándo sucederá esto ni cuándo vendrá la irrupción
del reino de Dios, pero debemos criar a nuestros hijos
para que estén listos para mantenerse firmes cuando
suceda. Nuestros hijos deben ser bastante valientes para
defender la verdad.

¿Cómo se relaciona el reino de Dios con el juicio
final? ¿Cómo vendrá el reino y cómo será? Mucho se
nos muestra a través de los dichos de Jesús mismo, por
medio de los escritos de la iglesia primitiva y mediante

Mt 24:36 la obra del Espíritu en cada corazón. Pero Jesús dijo
que la hora de la venida del reino solo la sabía el Padre
y que incluso él, el Hijo de Dios, no sabía cuándo
vendría. Podemos abordar estas preguntas solo con
gran asombro, reverencia y precaución. Aunque, al
mismo tiempo, vemos lo interesados que estaban los

primeros cristianos con la venida del reino. Todas las
palabras de los apóstoles lo indican.

Lc 21:9-11

Lc 12:39-40

No sabemos qué tan cerca o lejos estamos del reino
de Dios en términos de tiempo. Pero sabemos que
podemos estar muy cerca o muy lejos de él en espíritu,
y esa es la cuestión importante. Jesús dijo que podemos
esperar señales de la venida del reino, y algunas de estas
señales son evidentes en la actualidad. Pero también
dijo que el día final llegaría como un ladrón en la
noche; es decir, en un momento en que nadie lo espera
ni piensa en ello.

Hay muchos misterios que no podemos resolver,
porque Dios desea mantenerlos en secreto. Pero
podemos regocijarnos en esto: la venida del reino es
cierta y segura: es un reino de paz, victoria y justicia.

No sabemos por qué Dios permitió que la muerte
y la maldad entraran en la creación, pero sabemos que
el hombre se dejó seducir por la maldad. De la misma
manera, no sabemos qué lucha llevó a cabo Dios
contra el mal antes de la creación del hombre, ni la
proporción y naturaleza del papel del hombre en esta
lucha; pero sí sabemos que fue una lucha decisiva y que
llevó al mismo Hijo de Dios hasta la cruz.

Ap 19:11-21

En el Apocalipsis de Juan leemos sobre una
batalla que se llevará a cabo en el cielo, al final de los
tiempos. La iglesia —como cuerpo de Cristo— tiene
que continuar la misma batalla aquí en la tierra. Así

como Dios no escatimó los sufrimientos de su propio
Hijo, sino que lo entregó para sufrir la máxima adver-
sidad, así también, a costa y sacrificio de la iglesia, el
reino irrumpirá.

Separar lo espiritual de lo material, el alma del cuerpo,
es muerte, pero la unidad es vida. Jesús trajo el mensaje
de un reino nuevo, donde el alma y el cuerpo, lo espiritual y lo material, ya no estarán separados. En este
reino nuevo, el Creador será uno con su creación.

Cuando miramos a la tierra como es ahora, vemos
que el juicio es inevitable. De hecho, los pecados de
la humanidad ya están ocasionando este juicio. Sin
embargo, si consideramos profundamente las palabras
de Cristo, descubriremos que la gracia, la misericordia
y la compasión triunfarán sobre el juicio.

Esperamos un cielo nuevo y una tierra nueva, pero
no debemos complicarnos por saber exactamente
cómo y cuándo vendrá el reino. Solo sabemos que está
2P 3:12   por venir. Y puesto que Pedro dice que la iglesia debe
esperar, ayudar y acelerar la venida de Dios, sabemos
que nuestra tarea es ver que algo de su reino se mani-
fieste y cobre vida entre nosotros.

En el principio, incluso antes de la creación del universo, existía el amor infinito del Padre, Dios, y con él la Palabra, la cual es Jesucristo, y el Espíritu Santo. Al final de los tiempos, también, solo Dios reinará. El gemido de la creación será redimido y el universo se alegrará. Solo habrá puro gozo, amor, armonía y justicia. Dios enjugará cada lágrima y no habrá muerte, dolor ni tristeza. El anhelo de esta época arde en el corazón de cada ser, espiritual o humano.

Ap 7:17

Ap 21:4

Puede que se pregunte sobre el milenio, la resurrección de los justos y el futuro del reino de Dios. Simplemente déjelo todo a Dios. Nos enfrentamos a muchos misterios respecto al futuro; no sabemos la razón de esto, aquello o lo otro. Lo principal es que al final Dios sea todo en todos. Él triunfará sobre todo mal y sobre todo lo que le es hostil. Esa debe ser nuestra máxima expectativa.

1Co 15:28

¡Qué gran regalo sería si pudiéramos ver un poco de la gran visión de Jesús, si pudiéramos ver más allá de nuestras pequeñas vidas! Desde luego, nuestra visión es muy limitada. Pero al menos podemos pedirle que nos desafíe a salir de nuestros pequeños mundos y de nuestro egocentrismo, al menos podemos pedirle que nos permita sentir el desafío de la gran cosecha que se debe recoger: la cosecha de todas las naciones y todos los pueblos, incluyendo las generaciones del futuro.

Índice de referencias bíblicas

Además de la Nueva Versión Internacional (NVI), se han usado las siguientes versiones de la Biblia:

Reina-Valera Revisión de 1960: RVR60
Reina-Valera Revisión de 1995: RVR95
Reina-Valera Actualizada: RVA
La Biblia de las Américas: LBLA
Nueva Biblia de los Hispanos: NBLH
Nueva Traducción Viviente: NTV
Versión Popular Dios habla hoy: DHH
Palabra de Dios para todos: PDT
Traducción en Lenguaje Actual: TLA

Las abreviaturas bíblicas corresponden a la NVI.

Otros títulos de Plough

Freedom from Sinful Thoughts por J. Heinrich Arnold.
Consejos pastorales sobre cómo encontrar libertad e integridad en
un mundo lleno de distracciones y tentaciones.

Homage to a Broken Man: the Life of J. Heinrich Arnold
por Peter Mommsen.
Pocos de los que escucharon hablar a Arnold o leyeron sus escritos en
Discipulado conocen las duras pruebas que tuvo que superar, las que
lo convirtieron en el hombre que fue y dieron profundidad a
sus pensamientos.

Dios, sexo y matrimonio por Johann Christoph Arnold.
Pensamientos sobre las relaciones, sexo, matrimonio, divorcio,
aborto, homosexualidad y otros temas relacionados desde una
perspectiva bíblica, escrito por el hijo de Heinrich Arnold.

Su nombre es hoy: Recuperando la niñez en un mundo hostil
por Johann Christoph Arnold.
Los consejos de Arnold son prácticos antes que teóricos. Además
de brindar ánimo y esperanza para todos aquellos preocupados
por la suerte de los niños, aborda temas educativos de actualidad
como la tecnología, las pruebas estandarizadas y la importancia del
juego infantil.

Setenta veces siete por Johann Christoph Arnold.
Historias de hombres y mujeres que se ganaron el derecho de hablar
sobre la importancia de superar el dolor, y sobre la paz de espíritu
que encontraron al hacerlo.

La irrupción del reino de Dios: Escritos esenciales
por Eberhard Arnold.
Esta introducción a la obra del padre de Heinrich Arnold sirvirá para
inspirar a cualquiera que esté buscando la vida comunitaria. Además,
aborda otros temas como la justicia, el amor, el trabajo, la relación
entre iglesia y Estado, y el reino de Dios.

Plough Publishing House
www.plough.com
1–800–521–8011 · 845–572–3455
P.O. Box 398 · Walden, Nueva York 12586 · Estados Unidos
Brightling Rd · Robertsbridge · East Sussex TN32 5DR · Reino Unido
4188 Gwydir Highway · Elsmore, Nueva Gales del Sur 2360 · Australia